EL PODER DE CONSTRUIR TU ENTERNO

CONFERENCIAS

Por
Neville Goddard
Imaginatio Divina Media

Publicado en 2024 por Imaginatio Divina Media.

Sitio web: www.imaginatiodivinamedia.com

Contenido

¿Qué es lo que realmente define nuestra realidad?

¿Cómo podemos cambiar aquello que parece fuera de nuestro control?

Estas son algunas de las preguntas fundamentales que aborda "El Poder De Construir Tu Enterno".

Este libro, compuesto por las conferencias de Neville Goddard, no solo desafía las nociones convencionales de la realidad y el control, sino que te invita a descubrir el poder transformador de la mente humana. A través de sus páginas, aprenderás cómo convertirte en el verdadero creador de tu mundo interior y exterior. Descubre cómo la Biblia puede ser vista como una guía psicológica para el autoconocimiento y la autosuperación, y cómo asumir un rol activo y consciente en la creación de tu vida te permite alcanzar tus aspiraciones más profundas.

TU DOMINIO SUPREMO

Neville Goddard
(1953)

Como te han dicho, el tema de esta mañana es Tu Supremo Domino. Cuando un hombre no lo posee, o él no sabe que lo posee, pues él ciertamente no lo está ejerciendo. Como leemos en el primer capítulo del Génesis: "Y Dios hizo al hombre a Su propia imagen, a imagen de Dios Él lo hizo. Los hizo hombre y mujer, y Dios los bendijo. Y Dios les dijo: 'Sed fructíferos y multiplicaos y llenad la tierra, y sometedla y tened dominio sobre todos los peces del mar y todas las aves del aire, y cada cosa móvil que se mueva sobre la tierra.' Y Dios vio todo lo que Él había hecho, y era muy bueno."

Ahora, tú y yo leyendo la Biblia, no sabiendo que es una verdad psicológica y viéndola como hecho histórico, no podemos entender la Palabra. Pero cuando el hombre sabe que la Biblia es la colección más grande de verdades psicológicas y nunca se intentó que se viera como historia o cosmología, entonces él obtiene un vislumbre de este gran libro maravilloso. Pues el hombre mismo es la gran tierra psicológica que debe ser sometida. En el hombre se mueven todas las pasiones, todas las grandes emociones simbolizadas como cosas reptantes y animales. En la profundidad del hombre efectivamente viven los estados invisibles simbolizados como peces. En la profundidad del hombre efectivamente viven todas las innumerables infinitas ideas simbolizadas como las aves del aire. Es este hombre el que debe ser auto-sometido, pues sometido, entonces viene la promesa y tiene dominio sobre este vasto país maravilloso que es el hombre. Si el hombre no sabe que él mismo es la tierra de la que se habla, piensa que él debe salir al mundo y conquistarlo.

El mundo refleja la obra hecha sobre el hombre. Y así, cuando él mira a este maravilloso mundo alrededor de él, se cree tan pequeño.

La Biblia también nos dice que él se llama a sí mismo un saltamontes, y refiriéndose a él mismo como a un saltamontes, ve gigantes en la tierra; los gigantes de la industria, los gigantes de la economía, los gigantes a todo su alrededor, y se siente cada vez más pequeño porque no sabe cómo hacer realmente para someter la tierra, que es él mismo. Cuando el hombre lo sepa, se dará cuenta de que el hombre, como individuo es supremo dentro del círculo de su propia conciencia; pues dentro del círculo de su conciencia el drama entero de la vida es representado una y otra vez. Él tiene que empezar consigo mismo y luego él verá que este maravilloso mundo externo, este mundo visible, no es lo que él piensa que es; un lugar de exilio de Dios. Es la vestimenta viviente del Padre, y aunque para muchos de nosotros su discordante armonía necesita alguna interpretación, para el sabio tiene una voz, y la voz habla de cosas escondidas detrás del velo de la mente del hombre, pues todo este vasto mundo maravilloso es una respuesta a la disposición de la mente del hombre. Pues cuando él lo sepa, buscará dentro las causas escondidas; mirará en la profundidad para ver los peces y cómo ellos nadan y cómo ellos están relacionados, pues esta disposición de la profundidad va a proyectarse como las circunstancias y condiciones de la vida.

Y así hoy, si tú no has empezado, hoy es el momento para empezar a realmente poner en práctica esta enseñanza, y hacer de esta violencia un jardín de Dios. Es llamado Edén, y el hombre fue colocado dentro de él para conservarlo y cuidarlo, pues el jardín de Dios es el hombre. Es la mente del hombre. Tú nunca encuentras un jardín a menos que un hombre esté presente; pues sin un hombre habría un bosque de maleza. Pero cuando un hombre es colocado en él, comienza a cultivar los árboles o las semillas de pensamiento equivocado. Él limpia la tierra y la cultiva y luego planta sabiamente. Entonces tendrás el dominio, pues seleccionarás la semilla que plantarás, las ideas que sostendrás y las cultivarás. Sabiendo que el mundo externo constantemente da testimonio de la disposición interna de la mente, tú seleccionarás sólo las cosas que tú quieres proyectar en el ropaje viviente de tu Padre. Pues todo el vasto mundo a tu alrededor es un ropaje viviente vestido por tu Padre.

¿Entonces cómo cosechó? Él dijo que hizo al hombre a Su propia imagen; bueno, los métodos de conocimiento mental y espiritual son enteramente diferentes. Tú y yo podemos conocer una cosa mentalmente mirándola desde fuera, comparándola con otras cosas, analizándola, definiéndola, incluso dando una descripción de ella, pero sólo podemos conocer una cosa espiritualmente convirtiéndonos en ella. Debemos ser la cosa misma si queremos conocer esa cosa espiritualmente. Debemos estar enamorados si queremos conocer el amor. Debemos ser como Dios si queremos saber lo que es Dios. Pues Dios me hizo, no de algo distinto de Él mismo; Él me hizo perfecto, así que Él me hizo convirtiéndose en mí. No hubo otro modo en el mundo en que Dios pudo haberme hecho a menos que Él se convirtiera en mí. De modo que Dios se convirtió en el hombre para que Él pudiera conocer al hombre del único modo en que Él puede conocer algo, pues Él conoce todas las cosas espiritualmente y Él las llama muy buenas.

Así, Él me hizo convirtiéndose en mí, y ahora yo soy llamado a ir y tener cuidado de la tierra, y a someterla y tomar el dominio. Y yo soy la tierra. Yo debo aprender a plantar como Él plantó, y Él plantó el mundo convirtiéndose en el mundo. Yo debo ahora plantar como hombre, convirtiéndome en el hombre que yo quiero ser. Así, yo detallaré todas las cosas nombrándolas – dándole un nombre a cada cosa que yo quiero expresar como hombre, y luego conocerlas espiritualmente convirtiéndome en ellas, como Él se convirtió en mí. Me identifico con ellas y vivo en esa identidad, y las visto de carne, y las visto de hechos. Ninguna cosa en el mundo que sea mía me puede ser quitada, salvo despegándome del estado donde esa cosa que yo amo tiene su vida natural. Si yo vivo en un mundo de belleza, si yo vivo en un mundo de amistad, de comodidad y todas las cosas agradables que los hombres disfrutan, ningún poder en el mundo puede quitarme ni una de ellas salvo que yo, que vivo entre ellas, me despegue del estado donde esas cosas agradables tienen su vida natural. Cuando tú y yo lo sabemos, empezamos a cultivar la tierra, efectivamente desherbamos la mente de todos los estados negativos, todas las emociones desagradables, y traemos a sujeción no lo externo sino lo interno; y entonces lo externo refleja ese cultivo sobre mí mismo.

Ahora, ¿cómo se hace esto? Se te dice en el primer libro de la Biblia cómo se hace. Pues la promesa es para el hombre que lo hace, y es una completa expansión, más allá de sus sueños más locos, del estado que él planta. El primero que lo hizo fue llamado Jacob; bueno, yo soy Jacob, tú eres Jacob si empiezas a plantar. Cada hombre es el Jacob potencial, y Jacob lo hizo por la justicia. Como se te dice, él lo hizo a través de la justicia y se multiplicó extremadamente, de modo que él aumentó mil veces sus rebaños – su ganado; aumentó y creció más allá de la medida del hombre teniendo todas las sirvientas, sirvientes y camellos. Y esto es lo que él dijo: "Mi justicia hablará por mí en el tiempo por venir."

Justicia es justa conciencia. La única recta conciencia es la conciencia de ya ser el hombre que tú quieres ser, pues eso te apega a un estado invisible. Tú no puedes verlo, pero sin embargo tú te vuelves apegado al estado en que te atreves a asumir que estás, y vas a pescar en la profundidad; estás comenzando ahora a someter la profundidad. Entras en un estado por medio de la sensación; de la sensación de que eres ya lo que tú quieres ser. Y así es como te haces extremadamente grande en tu mundo, pues serás el Jacob expandiéndose en tu mundo.

Al siguiente al que llegamos es a Job. Aquí en medio de todas las pruebas y tribulaciones de un hombre, Job dice: "Me adheriré a mi justicia y entonces mi corazón nunca me juzgará duramente en tanto yo viva." Él se adherirá a la justicia en medio de la tormenta; en medio de todos los problemas del mundo él asumirá que es libre y se adherirá a esa recta conciencia, sabiendo que ni en la eternidad podría su corazón nunca juzgarle duramente.

Luego se nos dice: "El manso de la tierra busca justicia y es al manso de la tierra a quien la tierra es dada." Cuando se te dice que el manso heredará la tierra, es posible que te hayan enseñado a creer que significa el hombre golpeado, el hombre que cae y se arrastra como el saltamontes; no lo es. La palabra manso, traducida, realmente significa ser domesticado, como un animal salvaje es domesticado. Para el hombre que domestica la mente, el hombre que domestica su ser para que pueda ponerlo a cualquier tarea y tenerlo ejecutando esa tarea; ese hombre es manso y el manso hereda la tierra. Y el manso siempre busca justicia, de modo que si yo hoy empiezo a someter esta tierra, debo hacer de la justicia mi contraseña, y así si yo fuera justo podría ahora detallar la naturaleza de los árboles que plantaría, la naturaleza de las flores que plantaría, la naturaleza de los animales que cultivaría, la naturaleza de los peces que capturaría, y los nombraría como estados deseables; llamado en la Biblia belleza en vez de cenizas; llamado en la Biblia el espíritu de alegría en vez de pesar; llamado por todas esas cosas agradables. Como se te dice, "todas las cosas que son buenas; habita en esas cosas." Para cada cosa buena, – pues Él las llamó muy buenas – cada cosa que yo llamaría lo bueno, que es un juicio justo, será el juicio correcto. Yo, a pesar de la evidencia de mis sentidos que lo negarían, a pesar de la razón que me diría que era imposible de realizar, habiendo descubierto que soy el que está plantando mi jardín, que éste es el único jardín para cultivar, que ésta es la única tierra para someter, yo empezaría ahora y audazmente asumiría lo bueno. Primero para mí mismo, – siempre empieza por Jerusalem – luego ve al mundo y predica la bondad, conociendo la bondad.

Cuando te encuentras con alguien, independientemente de lo que la apariencia revele, conoces la verdad para ese y le liberas. Sabes eso conociendo cómo él debería ser, conocido primero por él mismo, pero si él no lo ha conocido como verdad de sí mismo, tú al menos la conoces por él. Y aunque tú nunca lo encuentres en carne otra vez, sigue conociendo la verdad que libera al hombre, sabiendo que él es ya libre; y entonces estás cultivando tu jardín. Tú lo estás trayendo a sujeción, lo estás sometiendo y entonces tendrás el dominio. De modo que tú eres supremo en tu mundo si conoces sólo el mundo en que realmente estás; de modo que el hombre es la tierra psicológica sobre la que este maravilloso giro de los acontecimientos tiene lugar. El hombre es la tierra psicológica sobre la que todos los animales se mueven. Cada emoción es simbolizada como animal. Cada ave del aire es verdaderamente la idea que tú sostienes. Cada pez de la profundidad es el estado invisible que tú capturarías si solamente supieras cómo echar tu red en el lado justo. Pues tú pescas todas las noches y no capturas nada, pero luego viene uno que sabe, que es justo, y lo captura en el lado justo, siempre en ese lado justo, y el lado justo es la justicia o justa conciencia. Y lo capturaré. Yo puedo no verlo, no tengo que verlo. No tengo que esperar a que la evidencia de mis sentidos me lo confirme, pues se me dice: "Y la fe le fue concedida a él para la justicia." De modo que yo tendré fe en la realidad de lo profundo. Yo tendré fe en la realidad de los estados invisibles. Así, es ahora invisible, lo sé; es un pez, pero yo tengo fe en la existencia y la realidad del estado invisible que yo quiero exteriorizar; sabiendo que lo puedo exteriorizar, pues cada vez que lo exteriorizo yo contribuyo a este maravilloso ropaje de mi Padre; y ese es mi trabajo, mi deber.

Así que aquí, cada uno de nosotros comienza a creer que tú eres la única tierra de la que se habla en la Biblia. Tú eres el único elegido para vivir en el centro del jardín, pero hazlo un jardín, pues las palabras son: "Consérvalo, consérvalo y plántalo bien." Tú tienes dominio sobre cada idea de tu mente. Dices que no lo tienes. Bueno, algunas pueden ser para tí perturbadoras, pero tú tienes la elección de rechazarlas o aceptarlas. Si la aceptas te identificas con ella, y el estado con el cual estás identificado debe, por la misma ley de tu ser, objetivarse dentro de tu mundo, para que puedas ver por ello cómo plantas ese jardín. Ahora no esperes ni un segundo más allá del momento en que observes malas hierbas en vez de flores. Empieza justo en el momento de la observación, y empieza a replantar el jardín. Empieza realmente a someterlo. Conviértete en el manso, y el manso es el valiente. El manso es el valiente de corazón que no pide ayuda. Él camina sabiendo que puede hacerlo. Él puede pescar. Él puede efectivamente traer a sujeción a cada pájaro del aire, cada idea de la mente. Él empezará a conocer esas cosas espiritualmente. Las conocerá del único modo que tú y yo debemos conocer algo, convirtiéndonos en ello; no para tener un mundo de información respecto a las cosas objetivas y saber esas cosas sólo mentalmente. Debo aprender a conocer las cosas espiritualmente. Debo aprender a saber lo que es el amor espiritualmente estando enamorado. Debo aprender a saber lo que es la seguridad espiritualmente haciéndome consciente de estar ya seguro. Debo aprender qué es la salud haciéndome consciente de ya estar sano, y sostener estos estados en nombre de la justicia; sabiendo que mi justicia responderá por mí en el tiempo por venir.

No me hagas promesa pues cuando el suegro dijo a Jacob: "¿Qué promesa debería hacerte?", "Sólo dime que la descendencia nacida de una cierta manera será mía y ninguna otra promesa, ni pagas ni salarios, todos los que tengan manchas serán míos. No hay uno con manchas entre los padres, pero cada descendiente que sea manchada, aunque los padres no lo sean, esa es mía. Esa es mi paga, y mi justicia lo sabrá por mí en el tiempo por venir." Y él empieza a asumir que su mundo es poblado con las terneras con manchas, y cada una nacida que era sana nació con manchas. Y él prosperó más allá del sueño más loco de un hombre.

Bueno, conviértete en ese hombre y empieza desde el simple comienzo como él empezó. No había una cosa en el mundo que le animara más que una ternera pudiera alguna vez nacer de padres que no tuvieran manchas y ser una ternera con manchas. Sin embargo él lo sabía y asumió que habían dado nacimiento a tales cosas en cantidad, vendrían y vendrían mil veces. De modo que en tu caso, quizás es negocios, quizás los médicos te han dado un diagnóstico definitivo y es fatal. Bueno, yo digo a pesar de esto, y el médico a su modo está haciendo lo mejor, no lo habría dicho para herirte o para asustarte. Él firmemente lo cree, pero tú tienes otra ley, y tu ley es que tú puedes asumir, a pesar de ese veredicto, que tú estás bien. Y entonces, aunque mañana y al día siguiente el árbol no aparezca, sabe que con el tiempo tu justicia hablará por tí, y como Job en medio de todas las tormentas, cuando él debería haber ido a la tumba se adhirió a la conciencia de ser ya lo que él quería ser, para que su corazón no pudiera con el tiempo hablar duramente contra él. Bueno, no lo hizo, – tú conoces la historia.

Y así, a través de todo lo que hemos dicho: "Rompe con los pecados, rompe con los blancos fallados por la justicia. Bienaventurados son los que tienen hambre y sed de justicia, pues ellos serán saciados."

Ahora, se te dice: "Busca primero el reino de Dios y Su justicia y todas las cosas te serán añadidas." Bueno, el reino de Dios está dentro de tí. Se te ha dicho eso numerosas veces. La Biblia lo afirma una y otra vez: El Reino de Dios y el reino de los cielos están dentro de tí. No están fuera. Los ves aparentemente fuera; esa es la respuesta a la interioridad donde ellos están. Ahora, búscalo y a Su justicia. Así que asume dentro el estado de ánimo que tendrías si fueras ya el hombre que quieres ser. Sostén ese estado de ánimo, ocúpalo tan frecuentemente como puedas, y ve cómo esa justicia atraerá cosas a sí misma, y las cosas que atrae están siempre en armonía con su naturaleza. Nunca atrae nada extraño a sí misma. Si yo asumo que soy el hombre que yo quiero ser, no puedo entonces encontrar acontecimientos que estén en conflicto con mi asunción, pues mi mundo es un espejo del ser que yo soy.

Así, aquí, hoy cuando vuelves a leer el capítulo entero, es bello. Pero yo empecé con el versículo 27: "Y Dios hizo al hombre a su imagen, a la imagen de Dios Él lo hizo. Hombre y mujer los hizo." Luego viene lo que tiene que ser hecho. Luego viene la promesa si tú lo haces. Luego viene el juicio: "Es bueno y muy bueno." Así empiezas sabiendo que tú eres la tierra sobre la cual ahora empiezas a labrar. Si tú lo haces, serás fructífero, te multiplicarás y efectivamente llenarás este mundo; aunque aparentemente es yermo, tú lo llenas, lo sometes. Y la tierra es el yo a ser sometido, no golpeando al yo como alguna gente ha malinterpretado, no aislando al yo en algún pequeño lugar recluído, no escapando de la vida, sino que en medio de la vida está la oportunidad para hacerse manso; para tomar la violencia que es el hombre, el hombre individual, y entonces traerla al estado del manso, para trascender la violencia no luchando contra las condiciones; conocer esas condiciones puede sólo reflejar lo que está dentro del que observa esa condición. De modo que no te enojes contra ello, déjalo simplemente como es. Si las condiciones siguen siendo las mismas, eso es una señal segura, segura, de que no has sido fiel a la justicia.

Si hubieras sido fiel a la conciencia de ser ya el hombre que quieres ser, las condiciones tendrían que haber cambiado en armonía con esa justicia. De modo que no te enojes contra ello; déjalo como es y empieza hoy a tomar esta maravillosa tierra, que es el reposapiés del Señor, que realmente es la mente del hombre, y empieza a trabajar realmente en ella. Entonces no te volverás de izquierda a derecha; mantendrás el estrecho camino. Saldrás sabiendo que puedes hacerlo.

Yo sé por experiencia que no tardará mucho ver los brotes aparecer; no tardará mucho ver las flores aparecer. Aparecerán todas, si te vigilas a ti mismo y por una observación acrítica de ti mismo observas el ser que eres: ve la condición de la tierra como es ahora por la observación acrítica de tus reacciones a la vida. Cuando ves quién eres tú, eso te está mostrando el estado de la tierra como es ahora; no lo condenes, simplemente empieza a someterla, y sabe que tú tienes dominio sobre todos los peces del mar, las aves del aire y todos los animales que se mueven sobre la tierra. Sabiendo que son los modos de pensamiento, los deseos, las pasiones que se mueven en tí, empiezas a mantener sólo lo bueno y lo muy bueno.

Habita en ellos y repoblarás tu tierra, pues tú eres supremo dentro del círculo de tu propia conciencia. Ahora tú puede decir que es muy pequeña – puedo decirte que aunque tienes un cuerpo y una vida tuyos propios, estás enraizado en mí, y terminas en mí, como yo estoy enraizado en Dios y termino en Dios.

Así, cada hombre puede decir lo mismo, no importa si miras a un mundo de 2.500.000.000 de ellos y cada año escapan a través de las puertas al estado invisible respecto a este mundo;

pero mientras vienen y van, cada hombre en el mundo está efectivamente enraizado en tí y termina en tí, y tú estás enraizado en el último, que llamamos Dios Padre. De modo que todo el vasto mundo está simplemente centrado en tí. Empieza a reordenarlo ahora, que pueda reflejar la belleza sobre y en la que quieres vivir en este mundo. Hazlo asumiendo lo mejor. Siempre imagina lo mejor de tí mismo; siempre imagina primero con Jerusalem y luego sal e irradia lo que te has dado a ti mismo. Si vives en ese maravilloso estado tú mismo, sólo tendrás lo bueno para derramar sobre los demás, pues tienes un regalo que es verdaderamente tuyo para dar y ese es tú mismo. No tienes otro regalo. Si eres bueno, puedes dar sólo lo bueno. Si no lo eres, bueno, lo que tú eres, eso das.

Así que la historia es que tú puedes encontrar hoy cuando te observes a tí mismo, observando tus reacciones, que no es una tierra muy agradable, pero es aún una tierra fértil; puede ser limpiada de todos esos árboles de pensamiento tradicional erróneo y puede ser replantada en armonía con la belleza que tú deseas. Y en el presente inmediato dará fruto en armonía con las semillas que plantas.

Así que salgamos decididos a llevar a cabo una mejor disposición de nuestra mente para que podamos producir ropajes más nobles para que nuestro Padre los vista. Pues este maravilloso universo objetivo visible es sólo el ropaje viviente de nuestro Padre: no es un lugar de exilio como tantos creen, hablando sobre casa y su ir a casa, como si ellos no estuvieran ahora en medio mismo de su Padre. Cuando tú me ves, ves a mi Padre. Donde quiera que me veas, ves el estado de mi mente, pues verás el mundo en el que vivo y el estado de mi mente; esa disposición interna, eso es mi Padre. Cuando tú me ves proyectado, entonces lo llamas el Hijo, y mi mundo a mi alrededor me dice dónde estoy. Todos esos estados internos son lugares en esta fabulosa conciencia psicológica. Estado interno es igual a lugar, y donde yo estoy dentro de mí mismo determina lo que veo cuando miro fuera de mí mismo. Así, cuando yo miro al mundo, esa área del ropaje de mi Padre, sea desgarrado en razón del lugar interno donde estoy o sea agradable, yo veo sólo la disposición interna de mí mismo. Yo estoy siempre rodeándome con la verdadera imagen de mí mismo, y lo que soy en conciencia eso es sólo lo que puedo ver. Sabiendo eso, déjame estar decidido hoy a buscar la justicia, o la justa conciencia, para que pueda recoger en el presente inmediato todas las cosas agradables que yo deseo.

Ahora como resumen, detalla algún fin noble en la vida. Habiéndolo definido claramente para ti mismo como un estado deseable – el estado que te gustaría exteriorizar –, hazte esta pregunta muy simple: "¿Cual sería la sensación si fuera verdad que yo hubiera encarnado ya ese noble estado?" En respuesta a tu pregunta vendrá una sensación. Asume esa sensación – tiene realidad fuera del momento presente. Su existencia está en completa independencia del hecho objetivo presente. Tiene estructura real; tiene realidad en la profundidad de ella. Vino en respuesta a tu llamada cuando dijiste: "¿Cual sería la sensación si fuera verdad?" y nombraste lo que estabas pensando – si era seguridad, si era salud, si era cualquier estado, ese pez vino de la profundidad; está localizado y tú tomaste el "Yo" y lo colocaste en esa sensación. Estabas efectivamente sobre ella aunque es invisible. Ahora permanece en ella.

Si permaneces en ese estado, se te dice en la Biblia, tres días, serás "arrojado en tierra seca." "Tres" no significa tres días; "tres" significa plenitud, completo. De modo que si yo viviera dentro de ese pez durante tres días, hasta que todo pareciera natural y real, y tuviera la viveza sensorial de la realidad, yo sería entonces arrojado como algo objetivo, y algo que es comúnmente llamado en la Biblia "tierra" o "tierra seca". Pero tiene realidad, ya que tú lo sientes; sólo que la gente sale de él porque no tiene un hecho objetivo inmediato para confirmarlo. Pero tú monta en él durante tus tres días y sabrás qué era entrar en ese pez y permanecer en él hasta que la plenitud fue alcanzada, hasta que la realidad fue alcanzada dentro. En ese estado tú fuiste justo y tu justicia hablará por tí en el tiempo por venir. No fallará. ¡No puede fallarte!

GUÍA PRÁCTICA

-

EJERCICIOS PRÁCTICOS

1. Cultivo de Pensamientos Positivos: Cada mañana, dedica unos minutos a identificar las "semillas" de pensamientos que deseas plantar para ese día (como paz, gratitud, éxito). Visualiza cada pensamiento como una planta en tu jardín interior y siémbralas mentalmente para que florezcan en tu día.

2. Observación y Reemplazo de Emociones: A lo largo del día, observa tus emociones como "animales" que habitan en tu tierra interior. Si detectas una emoción negativa, reemplázala visualizando una emoción positiva que la sustituya, domesticando así tu mente según tus deseos.

3. Entrenamiento de Ideas y Estados Mentales: Antes de dormir, reflexiona sobre un estado mental deseable (como la calma, la alegría o la prosperidad). Imagina que entrenas a este estado, como a un ave o animal, para que se quede en tu mente, reforzando su permanencia.

-

REFLEXIONES GUIADAS

1. Soberanía sobre tu Propia Mente: ¿Qué aspectos de tus pensamientos o emociones sientes que te dominan? Reflexiona sobre cómo podrías comenzar a ejercer dominio sobre ellos, haciéndolos obedecer a tus objetivos de vida.

2. Despejando el Jardín Interno: ¿Qué creencias o patrones de pensamiento percibes como "maleza" en tu jardín interior? Reflexiona sobre cómo estas creencias podrían estar limitando tu realidad y cómo podrías reemplazarlas por ideas más positivas.

3. Identificación de los Deseos Profundos: ¿Cuáles son los "animales" (emociones) e "ideas" (pensamientos) que más deseas cultivar en tu vida? Reflexiona sobre cómo puedes alimentarlos y hacerlos crecer dentro de ti para manifestar la vida que deseas.

-

CONCEPTOS DE PSICOLOGÍA POSITIVA

1. Autorregulación Emocional: La psicología positiva sugiere que aprender a regular las emociones es esencial para el bienestar. Practicar el dominio sobre las emociones negativas y cultivar pensamientos positivos refuerza la autorregulación y fortalece el sentido de paz interior.

2. Optimismo Intencional: Al igual que Neville, la psicología positiva alienta a adoptar pensamientos optimistas como una estrategia para mejorar la vida. Esta práctica convierte el optimismo en un hábito que crea un entorno mental fértil para la manifestación.

3. Mindfulness o Atención Plena: La idea de observar y dirigir conscientemente las emociones y pensamientos fomenta el mindfulness, permitiendo que la persona cultive su "jardín interno" con intencionalidad y enfoque.

-

CITAS DE TEXTOS ESPIRITUALES

1. Génesis 1:28: "Llenen la tierra y sométanla. Ejerzan dominio sobre todos los peces del mar y todas las aves del cielo." Esta cita reafirma la enseñanza de Neville de que el verdadero dominio se ejerce sobre el interior de uno mismo, un dominio de los pensamientos y emociones que conforman la vida.

2. Salmo 37:11: "Pero los mansos heredarán la tierra y disfrutarán de abundante paz." Esta promesa se refiere a la importancia de domesticar la mente para experimentar la paz, una virtud necesaria para ejercer el dominio que Neville describe.

3. Proverbios 4:23: "Sobre toda cosa guardada, guarda tu corazón; porque de él mana la vida." Esto refuerza la idea de Neville de cuidar el "jardín" interior, ya que nuestros pensamientos y emociones dan forma a la realidad externa.

-

PERSPECTIVAS DE AUTORES RELACIONADOS

1. Dr. Wayne Dyer: Dyer subraya la importancia de la "intención" como herramienta de creación, afirmando que enfocarse en el deseo interior ayuda a manifestar la vida deseada, en sintonía con el concepto de Neville de cultivar el jardín interno.

2. Joseph Murphy: Murphy sugiere en "El poder de la mente subconsciente" que los pensamientos son semillas que florecen en la vida, al igual que Neville invita a cuidar y sembrar ideas positivas en el "jardín" de la mente.

3. Florence Scovel Shinn: En su obra, Shinn también destaca el poder de las afirmaciones y la mente para transformar la vida,

una práctica que refleja el concepto de Neville de que cada idea plantada en la mente da forma al entorno.

Estas sugerencias facilitan la comprensión del "dominio" como el poder de cultivar y regular el mundo interior para crear una realidad externa acorde con los deseos más profundos.

IMAGINACIÓN – LA PIEDRA DE FUNDACIÓN

Neville Goddard
(01-12-1959)

Nosotros creemos que el hombre puede crear cualquier cosa que desee. Creemos que el Universo es infinita reacción, y quien la causa es el perceptor individual. Nada es independiente de tu percepción de ello. Nosotros estamos tan entrelazados, somos parte de la máquina, pero a medida que despertamos, nos separamos de esta máquina y hacemos la vida como deseamos que sea. "Porque el hombre es toda imaginación y Dios es el hombre y existe en nosotros y nosotros en él"; "El cuerpo eterno del hombre es la Imaginación: eso es Dios mismo".

Tú puedes imaginar y yo puedo imaginar y, si podemos ser fieles al estado imaginado, debe aparecer en nuestro mundo. Esto no es nuevo. Esto fue dado hace siglos, porque lo tenemos en la Biblia; pero la gente no sabe cómo leer la Biblia, así que se reunieron y la organizaron en un "ismo". No es un "ismo", sino que es el gran plan para liberar al hombre. La Biblia muestra este plan en detalle. Pasaremos a algunos pasajes y te mostraremos lo que pretendían que viéramos aquellos que lo escribieron.

Isaías 28:16: "Así dice el Señor Dios: 'He aquí, yo pongo como cimiento en Sion una piedra, una piedra probada, una preciosa piedra angular, de cimiento firme; el que creyere, no se apresure".

Ahora, en el Libro de los Salmos se nos dice que el mundo rechazó la piedra. "La piedra que los constructores rechazaron ha venido a ser la piedra angular"; " No se puede colocar ninguna otra piedra"; "En esta piedra puedes edificar oro, plata, heno, hojarasca. . . y el día lo revelará". Yo te digo que esta piedra es tu imaginación, y en la Biblia se llama: Jesucristo, o Dios, o el Señor. Es tu imaginación, que es una con la Imaginación Divina que creó, que sostiene, que cambia e incluso destruye partes de la creación. Esta es la piedra que es probada y es un cimiento firme y el que cree en ella, no se apresure. Si yo puedo imaginar y sabiendo que la imaginación crea la realidad, no seré impaciente ni llevaré una vida superficial. Cuando un hombre no vive en su imaginación, se vuelve impaciente por el resultado de lo que desea, y finalmente se vuelve violento en su esfuerzo por conseguir las cosas.

Aquí hay alguien que hace la pregunta: "¿Quién dicen los hombres que es el Hijo del Hombre?" algunos dijeron esto y aquello, pero nuevamente él preguntó: 'Pero ¿quién dices que soy yo?' Y Simón Pedro respondió: 'Tú eres el Cristo, el Hijo del Dios viviente'. Entonces Jesús le respondió: Bienaventurado eres, Simón hijo de Jonás, porque no te lo reveló la carne ni la sangre, sino mi Padre que está en el cielo. Y yo también te digo, que tú eres Pedro, y sobre esta roca edificaré mi iglesia". (Mateo 16:13-18)

Las iglesias te dicen que significa un hombre llamado Pedro. No es un individuo. Todo tiene lugar en la mente tuya, el individuo. Te imaginas un cierto estado y se llama Pedro. Si fuera un hombre llamado Pedro, no encontrarías lo que encuentras seis versos después. Porque allí se dirige al mismo personaje, Pedro, y le dice: "Ponte detrás de mí, Satanás. Me eres piedra de tropiezo; porque no estás pensando en las cosas de Dios, sino de los hombres" – eso es lo que hace cada hombre en el mundo. Pero él recibe una revelación y se da cuenta de que la piedra fundamental es la imaginación. Él ve a un amigo que necesita ayuda y se imagina que tiene lo que él quiere. Si lo cree, no se apresura. Él está imaginando lo que quiere y él no es violento, él no está preocupado, y no le da sugerencias al amigo en cuanto a qué hacer físicamente para llevar a cabo su deseo. Si la piedra de fundación es verdadera, sólo hay un poder para sostenerla. Si él lo sabe, no se dejará dar la vuelta; él permanecerá fiel a su asunción.

Sin embargo, en la historia bíblica se nos dice que aquel que había sido encomendado, Pedro, se volvió y comenzó a reprenderlo, y entonces Jesús le dijo: "Ponte detrás de mí, Satanás". Tú te vuelves a los caminos de los hombres para hacer que las cosas vayan como quieres que vayan. Tú mueves los hilos y, por lo tanto, te has alejado de la única fundación en el mundo y eso es Jesucristo, que es la imaginación humana. Si crees esto, no rechazarás la piedra.

"Piedra" es "parejo" (en hebreo) y significa crear, construir o engendrar hijos. Aquí hay una piedra en "Sion" – que significa un alto pináculo o un lugar estéril. Ese es el hombre, antes de que la piedra sea enterrada en él. Él es el desecho, el desierto. El sol en el hombre como su imaginación, es la única piedra fundamental porque no hay otro fundamento que el Dios viviente, y se ha enterrado él mismo en mí. Por lo tanto, yo soy el hijo del Dios viviente, porque sólo hay uno y yo soy él. Si creo esto, no seré impaciente. "El que cree no se apresurará". Este es el camino del Señor. Te pido que lo pruebes.

Lleva ante tu ojo mental lo que quieres ver en este mundo. Puede ser de negocios o la buena fortuna de un amigo. Puede ser cualquier cosa ya que, sobre este fundamento, puedes poner hojarasca, madera o heno. Tú estás construyendo con heno cuando dices de alguien: "Lo sé, él no era bueno". Ellos vivían en ese estado concerniente a otro y luego sucede y dicen: "Siempre pensé que él era así". Algunos de nosotros construimos cosas extrañas para otros. Estábamos imaginando sobre la única fundación, pero hemos puesto hojarascas en lugar de oro o plata y el día lo revela, pero entonces no podemos relacionar lo que sucede con nada de lo que hemos hecho.

El significado hebreo de "piedra" es engendrar hijos. Todos los acontecimientos de mi vida son mis hijos. Todos pueden construir sobre esta base. "Yo estoy poniendo en Sion una piedra". ¿Qué piedra? Dios se está enterrando a sí mismo en todo el mundo. Es una piedra verdadera, una preciosa piedra angular y quien creyere, no se apresurará. He visto un acto imaginario tardar dos años en aparecer, pero cuando apareció, ¡qué gigante! Lo he visto llegar en una hora. Pero no te apresures o pienses que hay otro fundamento, como Pedro, que se volvió a otro fundamento, y se enojó con aquellos que llevarían a Jesús a la cruz. Pero Cristo dijo: Yo vine para ir hacia la cruz. "Ponte detrás de mí Satanás. Eres una piedra de tropiezo para mí".

Si yo todavía estoy en la máquina, creo que las cosas buenas vienen sólo por accidente o por casualidad. Deja que gire la rueda, ya que cada uno debe pasar por todos los hornos hasta que despierte y vea todo el universo como respuesta infinita. Llegará el día en que cada persona – en un cierto grado de despertar – congelará una actividad dentro de sí mismo, y como se detienen dentro de él, todas esas secciones están "muertas". Las leyes de la naturaleza son sólo acción libre, repetida hasta que son aceptadas como ley. Así, tú verás las hojas en el aire, sin caer, y las personas que se mueven en el espacio dejarán de moverse, porque cuando detuviste la acción dentro de ti, todo se detuvo. Entonces verás todo como Sion, el desierto, y lo único que lo hace vivo es la piedra enterrada en el. Pero el hombre se pierde en las cosas que ha hecho y les da el poder. Por ejemplo, a través del uso de su imaginación, él trae dinero a su mundo; entonces se olvida que fue la actividad de su mente la que hizo esto y él ve en el dinero mismo el poder para obtener lo que él desea. Pero cuando despierte, ya no se perderá en su propia creación.

Les digo a todos aquí: sólo hay una piedra. Si esta noche hay alguien muy enfermo que necesita tu ayuda y tú imaginas lo mejor para él y luego recibes noticias de que él está peor mañana, no seas impaciente, sino que permanece fiel a la piedra puesta en Sion, ¿qué más puedes hacer después de haber imaginado? Alguien te escribe sobre un problema. Imagina para ellos lo que desean y luego no intentes hacer algo para hacerlo realidad. Tú permaneces fiel y creará las condiciones necesarias para llevar a cabo el cumplimiento. Puedes mirar a alguien con profundo interés y querer un cambio. No lo expresas, sino que lo encierras dentro y luego, cuarenta y ocho horas más tarde, se inicia lo que pusiste en movimiento. Y ellos preguntan: "¿Se podría solucionar mi problema así y así?" ¡Justo lo mismo que tú habías estado pensando! Tú pensaste en su problema con profundo interés, y entonces tú preguntarás: "¿Tú me influenciaste a mi o yo te influencie a ti? ¿Cuándo entretuviste ese pensamiento? "Y ellos dicen: "Justo ahora ", y luego tú dices: "Hace cuarenta y ocho horas sostuve ese pensamiento, pero no lo dije en voz alta". Eso no hace ninguna diferencia. Todas las cosas, por una ley divina, se mezclan en un ser a otro. Todos nos influenciamos unos a otros. Todos estamos compenetrados y cuanto más profundamente interesado está uno por el otro, cuanto más es compenetrado por el otro.

Yo digo que el universo es infinita reacción, pero además devuelve más de lo que imaginas. Es presionada y rebosante. Por lo tanto, ser negativo puede ser aterrador. El bien regresará por mil, pero también lo hará lo negativo. Así es que, si soy optimista y no vacilo, traeré también eso presionado y rebosante. Es algo maravilloso; vendrá como un pozo de petróleo. La reacción del mundo es mayor de lo que toma y le da al individuo más de lo que imagina: bueno o malo.

Les digo a todos que el libro más grandioso, es la Biblia. Pero la gente lo ha organizado, e incluso dicen que han encontrado los restos de Pedro o de algún otro personaje bíblico. Pedro no es un hombre, sino un estado. Tú te elevas a la corona de todo y eso es Cristo. Los estados son permanentes, pero yo no estoy fijo, yo soy un ser vivo, me muevo. Yo puedo ser elogiado por un estado y luego veo un titular de la mañana y moverme de ese fundamento verdadero, y luego el poder me reprende como Satanás, porque yo reaccioné en lugar de actuar. ¿Te gustaría estar en el estado llamado Pedro, el cual se menciona en Mateo 16? ¿Cómo? Déjame decirlo y lo digo en serio: "Mi imaginación es Dios y no hay otro". Es una con el poder supremo y déjame vivir en ese estado, y luego soy señalado: "Bienaventurado eres, Simón hijo de Jonás". Significa que lo profundo de mi ser me lo está dando. ¿Puedo hacerlo? El día que lo haces y recuerdas que lo hiciste, en ese momento estás relatando esa historia. Cuando Pedro confesó: "Tú eres el Cristo", esa es la piedra sobre la cual descansa todo, pero cuando se alejó de eso y reaccionó, entonces fue llamado Satanás, o el que reacciona.

Dios está engendrando hijos por medio de la piedra. Se entierra en cada hombre en el mundo, pero él es rechazado. Puedo decirles estas cosas aquí, pero si las trasmitiera al aire, me apagarían de inmediato. Las personas no pueden creer que son responsables de sus actos imaginarios. Ellos no quieren creerlo. No puedo estar libre de los resultados de lo que imagino. Sale decidido a probarlo, y habiéndolo probado, mantén viva la piedra. No hay otra piedra. "Nadie puede poner otra que la que ya está puesta, que es Jesucristo". Pero no construyas nada que no sea oro, no construyas hojarasca o heno. Quiero que todos aquí lo prueben. Toma a alguien que esté realmente afligido y si crees en la fundación, saldrás de aquí esta noche sin ninguna preocupación por ellos, incluso si recibes noticias que indiquen que las cosas están peores. Puede tomar una semana o un mes, pero aquello que has imaginado, si permaneces fiel a la piedra, vendrá.

He visto a un hombre mirando un edificio, que es una cosa inanimada y tú dirías que no puede responder. ¿Cómo él pudo mirarlo y ver su nombre ahí, cuando no tenía un centavo? Pero lo hizo. Yo conozco a ese hombre y de una manera que él no pudo haber ideado, el edificio fue suyo. No dejes que nadie te diga que algo no puede responder. Pero cuando todavía somos parte de la máquina, no podemos ver que somos la causa de todo en nuestro mundo y sólo esperamos que la buena fortuna nos sonría. Entonces cuando pones algo malo en movimiento, como la máquina gira, no puedes ver qué lo causó, pero cuando despiertas, tú puedes controlar la máquina. Responde a los actos imaginarios del hombre despierto, porque el hombre despierto está en control.

Te espera una gran emoción cuando finalmente puedes detener toda actividad y todo se congelará. Tú sabrás lo que dicen los llamados hombres sabios, pero sólo escucharás estas palabras: "Te agradezco Padre, porque ocultaste estas cosas de los sabios y entendidos, y las revelaste a los niños". Porque sabrás que es el perceptor quien está haciendo que todo esté vivo. Verás que nada es independiente de la mente del perceptor. Un maestro verdaderamente despierto, podría congelar ciertas secciones para la edificación de sus estudiantes, si así lo elige. Por los estándares normales, todo moriría si suspendieras la actividad; pero no muere, porque no hay nada fuera de tu percepción de ello.

Toma a tu jefe o un empleado y represéntalo para ti mismo como quieres que sean y cree en la realidad de la piedra fundamental, y luego no te apresurarás en llevarlo a cabo. Porque la imaginación está creando la realidad, y de una manera que nadie sabe, se llevará a cabo, si permaneces fiel.

El hijo de un hombre estaba en San Luis para ser criado por la hermana de su esposa. Este hombre había intentado durante siete años tener lo suficiente para hacer un viaje a San Luis para ver al niño. Él constantemente trataba de verse a sí mismo consiguiendo un trabajo con más dinero para poder hacer el viaje. Le dijeron que, por el uso correcto de esta ley, sólo debía verse a sí mismo con su hijo y dejarle la manera a Dios. Después de esto, le dieron un trabajo que lo llevó de Los Ángeles a Nueva Orleans; pero eso no estaba más cerca de San Luis. Él tomó el trabajo y persistió en su sueño, y en tres meses fue transferido al recorrido de San Luis y tenía una escala allí de veinticuatro horas cada semana.

Lo mejor que me ha pasado a mí, fue cuando me despidieron de la tienda 'Macys' durante la depresión. Yo podría haber sido capitán de los ascensores si me hubiera quedado allí. Mi padre perdió todo lo que poseía, y eso resultó ser el comienzo del gran sueño que hizo realidad. Una persona creyó en él y declaró eso; cuando él hizo su salida en octubre pasado, había dado tanto a su comunidad, como nunca nadie había dado antes. El día más oscuro de su vida resultó ser el día más brillante de su vida. No importa lo que hayas hecho, olvídalo. Tú eres Dios y Dios es inmaculado, pues él todo lo está imaginando.

Ahora, empiezas a imaginar y haz que sea algo de lo que puedes estar orgulloso. Hazlo grande. Si es verdaderamente la piedra puesta en Sion, no te vuelvas a ningún argumento del hombre. Se fiel y todo lo que pongas en la piedra como actividad imaginal, entrará en tu mundo. Por supuesto tú puedes regresar al mundo de los hombres, como Pedro. Él negó la piedra tres veces, pero luego regresó a ella nuevamente. Tú puedes hacer eso, pero al final aprenderás, porque en la profundidad de tu ser, se dicen las palabras: "Ponte detrás de mí, Satanás". Pero he visto a la gente olvidar. Los he visto subir de la nada a grandes alturas y luego dicen: "Habría sucedido de todos modos". No creen que su actividad imaginaria fue la base sobre la cual construyen esa estructura. Sólo hay una piedra y esa es tu maravillosa Imaginación.

Esto funciona mejor si no tratas de ayudarlo en el exterior, porque no es la carne ni la sangre que te lo revela. Tú lo obtienes de Cristo.

GUÍA PRÁCTICA

-

EJERCICIOS PRÁCTICOS

1. Construcción de un Estado Ideal: Selecciona un área de tu vida que deseas mejorar. Cada noche, imagina un escenario ideal en el que ya hayas alcanzado tu objetivo. Siente la experiencia de éxito e intégralo como si ya fuera parte de tu vida.

2. Diario de Revisión Nocturna: Al final del día, revisa las situaciones o pensamientos negativos que hayas tenido y reemplázalos en tu imaginación por versiones positivas. Este ejercicio de "revisión" ayuda a programar el subconsciente para un futuro mejor.

3. Visualización sin Apego: Imagina un objetivo que deseas lograr, pero libera cualquier expectativa de cómo ocurrirá. Simplemente siéntete en posesión de ese logro, confiando en que el proceso se desarrollará por sí mismo.

-

REFLEXIONES GUIADAS

1. Confianza en la Imaginación: ¿Qué tan dispuesto estás a confiar en tu imaginación como el "cimiento" de tu realidad? ¿Te sientes capaz de crear resultados con solo imaginar, o sientes resistencia?

2. Persistencia en los Deseos: ¿Cuánto tiempo mantienes la imagen de un deseo antes de que surjan dudas? Reflexiona

sobre cómo puedes fortalecer tu capacidad de persistencia en tus visiones.

3. Creencias sobre los Obstáculos: ¿Qué tan frecuente es tu tendencia a ver los obstáculos como problemas externos en lugar de resultados de tus pensamientos internos? Reflexiona sobre cómo puedes reorientarte hacia el poder de tu imaginación.

-

CONCEPTOS DE PSICOLOGÍA POSITIVA

1. Locus de Control Interno: Según la psicología positiva, aquellos que tienen un "locus de control interno" creen que sus propias acciones determinan los resultados de su vida. Este concepto fortalece la creencia de que la imaginación puede ser una herramienta poderosa para la creación de la realidad.

2. Optimismo Intencional: Visualizar un futuro positivo se relaciona con el optimismo, una habilidad clave en la psicología positiva. Al utilizar la imaginación para construir una visión ideal, se puede cultivar una actitud optimista y de mayor bienestar.

3. Mentalidad de Crecimiento: La idea de que la realidad es moldeable a través de la imaginación refuerza la mentalidad de crecimiento, la cual sugiere que las habilidades y situaciones pueden transformarse mediante el esfuerzo consciente y la práctica.

-

CITAS DE TEXTOS ESPIRITUALES

1. Salmos 118:22: "La piedra que desecharon los constructores ha venido a ser la piedra angular." Esta cita resuena con la enseñanza de Neville sobre la importancia de la imaginación como fundamento de la realidad.

2. Romanos 4:17: "Dios… llama las cosas que no son como si fuesen." Esta cita apoya el concepto de visualizar lo deseado como ya existente, alineado con la práctica de "imaginar la realidad" de Neville.

3. Isaías 28:16: "He aquí que pongo en Sion por fundamento una piedra, piedra probada, angular, preciosa, de cimiento estable: el que crea, no se apresure." Esta cita recuerda el consejo de Neville de no apresurarse y confiar en el poder de la imaginación.

-

PERSPECTIVAS DE AUTORES RELACIONADOS

1. Dr. Joe Dispenza: Dispenza explica cómo visualizar el futuro deseado puede reconfigurar el cerebro para alcanzar esos objetivos, en línea con el concepto de Neville de que la imaginación crea la realidad.

2. Napoleon Hill: En "Piense y hágase rico," Hill menciona que "lo que la mente puede concebir y creer, lo puede lograr." Su trabajo refuerza la idea de Neville sobre el poder de la creencia y la imaginación en la creación de la realidad.

3. Florence Scovel Shinn: En su obra, Shinn enfatiza la importancia de la fe en la creación, similar a la enseñanza de Neville sobre la piedra angular de la imaginación, donde la fe en el poder de la visualización lleva al cumplimiento de los deseos.

Estas propuestas amplían la perspectiva de la enseñanza de Neville, integrando sus conceptos clave con prácticas, reflexiones y enfoques complementarios de la psicología y la espiritualidad.

LAS TIJERAS DE PODAR DE LA REVISIÓN

Neville Goddard
(1954)

Creo firmemente que si usaras sabiamente y a diario las tijeras de podar de la revisión, encontrarías que no hay objetivo que esté más allá de tu capacidad para realizarlo. Y quiero decir eso seriamente, no hay objetivo que esté más allá de tu capacidad para realizarlo.

Cuando yo era un niño de siete años, una señora me dijo: "He tenido una visión acerca de ti. La haré ahora muy, muy clara para ti – no sé lo que vas a hacer, pero se me ha mostrado que harás algo que a través de los siglos después de que te vayas el hombre no va a deshacer. Puedo verlo y que a través de los siglos tú crecerás mucho en estatura después de haberte ido. Y luego tres hombres serán mencionados en cientos de años por venir y tú serás uno de los tres cuando algo que fue hecho para el hombre sea discutido."

Siento que el tema de esta mañana podría ser ese algo. Que si nunca dijera una palabra más, y tú lo llegaras a oír y a creer, y a realmente usar, esta sería la plantación que se extendería desde nosotros aquí y que el mañana no podría deshacer. Porque estas tijeras de podar de la revisión son mágicas. Realmente no es sólo el logro de los objetivos, sino que si lo haces a diario se despertará en ti el espíritu de Jesús, que es el perdón continuo del pecado.

En esta enseñanza el pecador debe ir siempre libre; nunca le condenarás, porque cuando el espíritu se despierte en ti entenderás que en él no hay condena, sólo perdón, y el perdón no es como el hombre mundano piensa cuando omite la ejecución real de su venganza. Lo que queremos decir con perdonar la identificación de los demás es que deberíamos perdonar con el ideal que el otro quiere encarnar en el mundo. Y de esta manera le hacemos a él lo que esperamos o querríamos que el mundo nos hiciera a nosotros. Así que cualquier cosa que me gustaría encarnar para mí mismo es la visión que debo sostener de cada hombre que conozco en mi mundo; ningún hombre ha de ser descartado, todo hombre ha de ser redimido, y mi vida es el proceso por el cual esa redención tiene lugar. Y lo hago simplemente identificando al otro con el ideal que quiero exteriorizar en mi mundo.

Ahora vamos a regresar al segundo capítulo del Génesis. Dice: "Y Dios puso al hombre en el jardín del Edén para que lo labrara y lo custodiase". Ahora, cuando tú lees la historia crees que sucedió hace miles de años. He venido a decirte que es ahora. Estás ahora en el jardín del Edén y crees que estás excluido o expulsado. Estás en él, y el jardín es tu mente, pero necesitas – como cada jardinero– tijeras de podar. Porque estuviste dormido, como se te dice en ese segundo capítulo; estando dormido, las malas hierbas han aparecido en el jardín y se están revelando en las condiciones y circunstancias de la vida. Pues tu jardín siempre se proyecta en la pantalla del espacio, y puedes ver al examinar cuidadosamente tu mundo lo que permites crecer en el jardín de Dios. Pero tienes una misión, tienes un propósito, no es amasar una fortuna –lo puedes hacer si lo deseas–, no es ser famoso, no es tener alguna fuerza poderosa, sino simplemente atender el jardín de Dios. Ése es tu propósito. Eres puesto en el jardín para labrarlo y custodiarlo, para que sólo las cosas encantadoras crezcan en el jardín de Dios.

Ahora, cada hombre en el mundo está enraizado en ti que miras hacia afuera y ves ese mundo. Cada hombre tiene sus raíces en mí; él termina en mí así como yo tengo mis raíces y mi final en Dios. Debido a que él está enraizado en mí no puede sostener otra naturaleza que la que la raíz permite. Por lo tanto él está en mí y todos los cambios deseados en el mundo exterior se pueden conseguir solamente si cambio la fuente de la cosa que veo crecer en mi mundo.

"¿Ves allá los campos?
No te sorprendas cuando veas sésamo:
El sésamo era sésamo,
El maíz era maíz,
El silencio y la oscuridad sabían
Así también nace el destino de un hombre."

Así que no la juzgues, porque eres la fuente de la cosa que estás contemplando. Ahora vuélvete hacia dentro y pódala usando estas tijeras de podar de la revisión.

Ahora, así es como lo hacemos. Al final de mi día, reviso el día; no lo juzgo, simplemente lo reviso. Miro el día entero, todos los episodios, todos los eventos, todas las conversaciones, todos los encuentros, y luego mientras lo veo claramente en el ojo de mi mente, lo reescribo. Lo reescribo y lo hago conforme al día ideal que quisiera haber experimentado. Cojo escena tras escena y lo reescribo; lo reviso, y habiendo revisado mi día, entonces en mi imaginación revivo ese día, el día revisado, y lo hago una y otra vez en mi imaginación hasta que este aparente estado imaginado empieza a tomar para mí los tonos de realidad. Parece que es real, que realmente lo experimenté, y he comprobado desde la experiencia que estos días revisados, si realmente los viví, cambiarán mis mañanas. Cuando mañana me encuentre con gente que hoy me decepcionó, mañana no lo harán, porque he cambiado en mí la naturaleza misma de ese ser, y habiéndole cambiado, da testimonio mañana del cambio que tuvo lugar dentro de mí. Es mi deber tomar este jardín y realmente hacerlo un jardín por el uso diario de las tijeras de podar de la revisión.

Sé por experiencia que no sólo se llevarán a cabo estos objetivos y estos cambios, sino que la cosa gloriosa es, que se despertará en ti, que lo usas, el espíritu de Jesús, y te encontrarás luego no justificando sino perdonando, y te darás cuenta de que la libertad y el perdón están indisolublemente ligados. No puedes ser libre sin perdonar, pues al que tú atarías y juzgarías y condenarías te anclaría por tu propio juicio a él – porque él está en ti. Y así, identificándole a él con el ideal que tú realmente deseas realizar te liberas a ti mismo. Se te dijo: "Perdona y serás perdonado. Si no perdonas entonces no serás perdonado." Es automático; no puede ser de otro modo pues la totalidad brota de ti que la observas. Y a medida que empieces a practicarlo el espíritu mismo se despierta dentro de ti y sabes que eres él, del que los demás hablaron y pensaron que vivió hace 2.000 años.

Por tanto, cuando lo realices, lo realizarás a través de conocimiento real, lo sabrás; sin argumentos, sin contarle a otros, sabrás que eres él. Y entonces leerás las palabras del capítulo noveno de Hebreos: "Él apareció para quitar el pecado a través del sacrificio de sí mismo". Y sabrás que eres el que quitó el pecado sacrificándose a sí mismo, y sacrificarse uno mismo no es ser un valiente que se lanza a la linea de fuego para proteger a un hermano, no quiere decir que uno da su cuerpo para ser quemado, o uno que es clavado en una cruz, sino que el yo del hombre es la suma total de todo lo que ese hombre cree y consiente como verdadero. Por consiguiente ese es el yo que es sacrificado.

He oído hablar de esta señora y podría convertirse en la maravillosa esposa de algún hombre, y sin embargo está soltera. Ella desea ser la compañera de una gran y noble persona, pero está soltera, me enteré de eso. Entonces eso se convierte en una parte de mí mismo, eso es mi conocimiento; tengo que sacrificar a ese yo, que ese aspecto de mi ser sea tan feliz como yo lo soy y los de mi mundo lo son. Pues ése es el yo al que debo sacrificar y quitar el pecado, porque el pecado para el místico significa errar el blanco. No significa la violación de ciertos códigos, a menos que por supuesto tú tengas una meta y la violación se quede corta; sino que el pecado para el místico es simplemente fijarse un objetivo en la vida y fracasar en realizarlo. Por tanto cuando erras el blanco has pecado; así que él apareció para quitar el pecado a través del sacrificio de sí mismo, y sabiendo que él mismo es todo lo que consiente, todo lo que acepta, todo lo que cree que es cierto, entonces ¿qué estoy creyendo respecto a alguien – que está desempleado y no puede encontrar trabajo? Lo estoy creyendo. Ahora quita ese pecado donde él [ese individuo] está errando su blanco, y entonces para quitar el pecado lo hago sólo mediante el sacrificio de mí mismo, y mi yo es esa creencia, por consiguiente ahora yo reviso. No puedo decir "Bien, ya no creeré más que él está desempleado", [sino que] creo que tiene un empleo.

Lo hago con las tijeras de podar de la revisión. Le traigo ante el ojo de mi mente y le felicito por su buena fortuna porque ahora tiene un trabajo remunerado. Le permito aceptar mis felicitaciones, porque no veo a un hombre desempleado, le veo empleado y él sabe que está en el ojo de mi mente, pues en ese estado le he podado desde el estado de desempleado y una vez más he reformado la rama que crece en el jardín de Dios. Mañana la gente lo verá como no podría haberlo visto antes de la poda que se llevó a cabo dentro de mí, y él tendrá un trabajo remunerado. Si alguien no está bien, podas esa rama. No aceptas ninguna cosa en el mundo como definitiva, a menos que se ajuste al ideal que deseas realizar en el mundo. Pero lo haces a diario; si no lo podas a diario perderás el hábito y entonces las malas hierbas crecerán. Así lo hace todo hombre que realmente es un jardinero, que se llama a sí mismo jardinero, un jardinero en el jardín de Dios, porque cada día es la oportunidad para podar realmente el árbol, este árbol maravilloso. Y así cada uno de los que conoces es una rama enraizada en la vid que tú eres, y eres ese árbol especial en el jardín de Dios, un árbol que produce vida, un árbol que produce fruto para el alimento de las naciones. Tú eres ese árbol.

Si me tomas seriamente hoy, esta noche no dejes que el sol descienda sobre ningún disgusto del día. Sólo míralo, no lo niegues, no lo esquives, míralo de tal manera que puedas podarlo y entonces reformarlo. Toma las conversaciones con tus amigos hoy. ¿Fueron agradables? ¿Fueron polémicas? ¿Fueron negativas? No importa como fueron.

Entonces reescribe el guión y nada más imagina que la conversación que ahora estás reescribiendo como si se tratase de la original fue la que realmente tuvo lugar. Y tendrá lugar, porque todo lo que observas en tu mundo, aunque no lo parezca, está dentro, en tu imaginación. Y esta maravillosa imaginación tuya es Cristo Jesús. La imaginación es la morada real de cada cosa creada. No importa lo que veas en el mundo, brota de tu imaginación. Por tanto ahí es donde tú vas, ése es el taller, el jardín de Dios.

Y ahora tienes una misión, tienes un propósito en la vida; es un noble propósito, porque has sido seleccionado para ser realmente el jardinero jefe en el jardín de Dios, y en el jardín debes tener tijeras de podar, y las tijeras de podar son la revisión. Simplemente revisas, y a medida que revisas el día revocas (dejas sin validez) el día, pues el día no está deslizándose hacia el pasado, no está retrocediendo como la gente cree, está siempre avanzando hacia el futuro para confrontarte, ya sea podado o en algún extraño estado que se asemeja a la cizaña (a las malas hierbas). Así que depende enteramente de nosotros – espero que cada hombre y mujer hoy aquí me tome en serio y empiece a podar su jardín hoy mismo. A podar su mente. Sé que antes de que deje esta ciudad, en cuestión de dos semanas, serás capaz de decirme las cosas nuevas que brotan en tu mundo o brotan del árbol podado que es tu propia y encantadora imaginación. Lo pruebas: entonces sabrás a lo que Blake se refería cuando dijo, "En el cielo, el único arte de vivir es olvidando y perdonando". El único arte de vivir es el completo olvido a través de poner algo en su lugar, no vaciando, sino poniendo algo en su lugar.

Así que cuando leas estas extrañas historias que lees en la prensa diaria, simplemente ignóralas. No significan nada. Los hombres que se hacen llamar líderes, pastores del rebaño, excomulgan – no sólo en una religión, en todas las religiones los líderes deciden por sí mismos excomulgar, sin saber que nada ha de descartarse, ninguna cosa en el mundo puede descartarse porque es para siempre, pero puede ser podada y hecha conforme a la imagen ideal. El hombre que no revise su día o bien no lo sabe o ha perdido la visión de esa vida dentro de la semejanza de la que es la verdadera labor del espíritu de Jesús que transformó esta vida. Así que no se descartan.

En el último número de la revista "Time" aparece esa noble alma conocida por nosotros como Spinoza, Baruch de Spinoza [1632-1677], que le ha dado tanto al mundo de la filosofía, tanto se ha enriquecido el mundo gracias a que él caminó en la tierra. Y aquí 300 años después, el ex Primer Ministro de Israel, Ben Gurión, le ha pedido a los líderes rabinos de hoy que rescindan esa excomunión de hace 300 años, y ellos le dicen a esta noble alma en el día de hoy que no pueden rescindir las obras de sus antepasados, que la maldición sigue siendo para siempre, y te impresionarías si leyeras esa maldición tan absurda impresa en el último número de la revista "Time". Invocan a todos los ángeles para que lo maldigan, como si los ángeles maldijeran; invocan a todas las cosas para que acaben con él, y que nadie debía acercársele; nadie debía hablarle, nadie debía mostrarle bondad, nadie debía escribirle ni nunca leer nada de lo que alguna vez hubiese dicho; y eso fue hace 300 años.

Los rabinos que así lo maldijeron han sido olvidados hace mucho tiempo y si viven es sólo a través de su maldición. Y nadie sabe con certeza quienes son realmente, pero no puedes olvidar cuando lees en este mundo las obras de Spinoza. Todos en esta audiencia posiblemente han usado una de sus frases; ¿sabías que fue él quien dijo "La naturaleza detesta el vacío"? Ahora la usas; yo la uso, pero la que es su fuente – fue Spinoza. Pues aquí estaba este gigante de mente para que después de 300 años unas mentes pequeñas se crean líderes del rebaño; se llamen a sí mismos pastores. Deberían volver a leer bien el Libro de Jeremías, "Vosotros, los pastores que estropeáis mi vid y vosotros que habéis venido a mi jardín y habéis tomado mi viña, ahora ya no produce nada de uva ni ninguna hoja, y el jardín de Jerusalén ahora se ha convertido en malas hierbas". Léelo en Jeremías, como él clama porque los pastores, que se llaman a sí mismos pastores, son ciegos guías de ciegos.

Me tomas la palabra esta mañana; no me debes nada, no te cuesta nada venir aquí esta mañana, vienes y me das tu tiempo y yo te doy el mío, pero sal afuera y pruébalo y comienza este día podando esa maravillosa imaginación tuya. ¿Conoces a alguien que sea malo? Deja de ser consciente de que él es malo a través de traerle ante el ojo de tu mente y mantén con él la conversación más maravillosa del mundo, con un espíritu tierno, un espíritu amoroso, y cree en la realidad de esta comunión, porque si realmente lo haces, accederás al reino de los cielos, pues tú entras en el cielo a través de una comunión amorosa y deliberada con un amigo. Así que hazlo un amigo, si es uno amoroso, no importa cómo él sea, puedes podarlo y entonces cuando lo podas estás haciendo el trabajo que se te envió a hacer para el hombre –y tú eres ese hombre–, estás situado este día en el jardín del Edén para labrarlo y guardarlo. No dejes que las malas hierbas sigan creciendo en tu mundo.

Eres absolutamente responsable por cada ser que conoces en este mundo; esa es tu responsabilidad. Al igual que la profesora de la que os contamos que tomó a esta niña que estaba a punto de ser expulsada; no, [al final] a la niña no la expulsaron porque la profesora escuchó lo que estáis oyendo esta mañana. Así que ella trajo ante el ojo de su mente a la niña a la que el director, el psiquiatra y toda la facultad habían acordado por unanimidad su expulsión en su 16º cumpleaños, pues era grosera, era bruta, no era ética; y la mujer se fue a su casa en un domingo por la noche y trajo a esa niña ante el ojo de su mente y comulgó con ella y vio en ella a una chica dulce, una chica considerada, una chica amorosa. Al día siguiente, lunes, en la clase la niña expresó toda la bondad de esa revisión de la noche anterior, y diez días más tarde cuando fue vista y presenciada por todos los profesores, y el psiquiatra, otra reunión fue convocada y derogaron su veredicto de diez días antes y no expulsaron a la chica. Todavía se encuentra en la George Washington High School de Nueva York, que está considerada una escuela excelente; así es que allí está ella, sin marcas negras en su contra, gracias a una profesora que se sentó en la audiencia, como tú estás aquí, y creyó, lo que espero que todo el mundo creerá aquí, y redimió una rama de su propio árbol. Ella no se dio cuenta de que la niña era ella misma. Veía hasta ese mismísimo momento a todos los niños a los que enseñaba con pura objetividad. El hombre ciego ve el mundo como objetivo, como algo separado de sí mismo. Cuando el hombre empieza a despertar él ve todas las cosas relacionadas subjetivamente; todas las cosas con las que se encuentra son parte de él mismo, y lo que ahora no entiende, aún así sabe que está relacionado por afinidad a alguna fuerza aún no realizada en su propio ser. Por tanto no descarta nada, él sabe que su vida es el proceso mediante el cual él redime las cosas y las redime a través del uso de las tijeras de podar de la revisión.

Por tanto, siento después de estos cincuenta años de caminar esta tierra que esto es lo que esa señora vio cuando yo tenía sólo siete [años], que yo realmente podría cerrar los ojos en las tres dimensiones en cualquier momento sabiendo que no lo contradecirás: puede que nunca las uses pero nunca contradecirás este arte de la revisión. Y cualquier hombre que lo intente lo probará para su propia satisfacción que puede elevarse más allá de los sueños más descabellados de los hombres, y elevándose él despierta el espíritu del perdón. Él se elevará en las primeras etapas de la aventura exitosa; aumentará sus ingresos, hará todas estas cosas, pero se dará cuenta después de un corto tiempo que ese no era el propósito. Eran sólo juguetes para divertirle, juguetes para entretenerle hasta que despertara en su interior el espíritu de Jesús; entonces ve una misión completamente diferente, no la acumulación de riquezas sino la redención de la sociedad, la redención de todo hombre en el mundo. Él viene a hacer la voluntad de su Padre y se nos dice en el capítulo 6 de Juan, "Esta es la voluntad de mi Padre, que de todo lo que me ha dado yo no pierda nada, sino que lo levante de nuevo".

No te deshaces de nada – no, no excomulgas, no borras, simplemente lo levantas de nuevo y mientras lo levantas te levantas a ti mismo y el viaje es para siempre. Subes una línea vertical infinita en tu propia maravillosa imaginación, y sólo subes a través de elevar a otros. Los ciegos creen que pueden salvarse a sí mismos, y porque creen que pueden salvarse a sí mismos creen que pueden descartar al resto. El hombre ciego también decía esto hace cientos de años. [En realidad] se salva mientras salva a otros; a sí mismo no puede salvarse. Te digo que eso es una declaración falsa; fue puesta en boca del Fariseo, puesta en boca del Sanedrín, los líderes que pensaban que eran líderes, pero te diré que un hombre se salva a sí mismo mediante y sólo mediante la salvación de su prójimo. No hay otra manera de salvar a otro yo que salvando al yo real, y cada persona está enraizada [tiene sus raíces] en ti que observas a las personas. Y por tanto no descartes, elévalas, poda el árbol, y empieza a ser el verdadero jardinero en el jardín de Dios.

Toma cualquier cosa; tienes un niño hoy: hemos tomado todas las solicitudes de esta mañana, había docenas y docenas de solicitudes esta mañana. Todas deben ser respondidas, ninguna debe ser descartada; no digas que una es imposible, no hay nada imposible para tu imaginación y tu imaginación es Cristo Jesús. Con Él todas las cosas son posibles. Úsale, incítale, despiértale de su sueño; ha estado durmiendo a través de los siglos: debido a que ha estado dormido, hizo realidad todos aquellos extraños estados deformados de sus sueños. Pues el mundo sólo da testimonio del buen o mal uso de la imaginación. Como se nos dice, él es la única cosa en el mundo. ¿Qué cosa única es él en el mundo? – Tu imaginación, porque es la morada de todo lo creado y a través de ella todas las cosas son hechas y sin ella nada de lo que ha sido hecho fue hecho. Así que úsala sabiamente, úsala con amor y cada vez que uses tu imaginación con amor en favor de otro estarás literalmente, en ese momento, mediando entre Dios y el hombre. La imaginación es el poder redentor del mundo y estás realmente mediando entre Dios y el hombre al usarla de una manera amorosa y maravillosa.

GUÍA PRÁCTICA

-

EJERCICIOS PRÁCTICOS

1. Revisión Diaria de Conversaciones: Al final del día, reflexiona sobre todas las conversaciones que tuviste, especialmente las que generaron tensión o desagrado. Imagina esas conversaciones siendo positivas y armoniosas, visualizando el tipo de interacción que desearías.

2. Transformación de Situaciones Difíciles: Piensa en una situación específica que haya causado angustia o desilusión. Usa tu imaginación para visualizar un resultado ideal, sintiendo la paz o alegría que ese cambio traería a tu vida. Practica esta visualización hasta que sientas que realmente ocurrió.

3. Visualización de Mejora de Relaciones: Elige a una persona con quien tengas algún conflicto o malentendido. Cierra los ojos e imagina una relación armoniosa con esa persona, visualizando cómo conversan y se entienden en un estado de mutua gratitud y respeto.

-

REFLEXIONES GUIADAS

1. Ciclos de Comportamiento: ¿Hay algo que sientes que repites continuamente en tus relaciones o en tus experiencias? Reflexiona sobre cómo podrías "podar" o transformar estos ciclos mediante la revisión.

2. Percepción de los Demás: ¿Cuán a menudo ves a otros a través de una lente de juicio en lugar de una de comprensión? Reflexiona sobre cómo podrías cambiar esa percepción para fomentar la armonía en tus relaciones.

3. Creencias sobre el Perdón: ¿Qué significa para ti el perdón verdadero? Reflexiona sobre cómo podría cambiar tu vida si vieras el perdón como una oportunidad de reimaginar y sanar las experiencias pasadas.

-

CONCEPTOS DE PSICOLOGÍA POSITIVA

1. Optimismo Realista: La práctica de la revisión fortalece el optimismo realista, permitiendo a las personas reconstruir mentalmente las situaciones difíciles para verlas desde una perspectiva más positiva y potenciadora.

2. Mindfulness o Atención Plena: Practicar la revisión ayuda a vivir de manera consciente, observando los pensamientos y comportamientos sin juzgar, y eligiendo conscientemente qué cambios internos hacer para mejorar la experiencia de vida.

3. Empatía y Compasión: La revisión fomenta la empatía y la compasión, pues invita a ver a los demás como reflejos de nuestras propias creencias y a trabajar para redimir y elevar su imagen en nuestro mundo interior.

-

CITAS DE TEXTOS ESPIRITUALES

1. Mateo 7:1-2: "No juzguéis, para que no seáis juzgados. Porque con el juicio con que juzgáis, seréis juzgados." Esta cita apoya la idea de Neville de ver y mejorar la imagen de los demás como parte de nuestro propio proceso de crecimiento.

2. Isaías 55:8-9: "Porque mis pensamientos no son vuestros pensamientos, ni vuestros caminos mis caminos." Esto recuerda que nuestras percepciones pueden ser limitadas y que podemos elevarlas para alinearnos con ideales superiores.

3. Salmos 51:10: "Crea en mí, oh Dios, un corazón limpio, y renueva un espíritu recto dentro de mí." Esta cita inspira la práctica de la revisión como una forma de limpieza interna y renovación.

-

PERSPECTIVAS DE AUTORES RELACIONADOS

1. Dr. Wayne Dyer: Dyer enfatiza que al cambiar nuestros pensamientos sobre los demás, también cambia nuestra realidad. Sus enseñanzas complementan el concepto de Neville de que nuestras percepciones internas reflejan el mundo externo.

2. Louise Hay: En su enfoque de afirmaciones, Hay sugiere que al cambiar nuestras creencias sobre nosotros mismos y los demás, creamos un entorno de sanación y armonía, similar a la práctica de Neville de la revisión.

3. Eckhart Tolle: Tolle, en su enseñanza sobre el poder del momento presente, invita a liberar los juicios y ver a cada persona como una manifestación de nuestra percepción interna, en línea con la idea de Neville de redimir a los demás en nuestro mundo interior.

Estas sugerencias refuerzan el concepto de Neville de que nuestras percepciones son el verdadero "jardín" que debemos cuidar y podar constantemente, promoviendo una vida en armonía y consciencia plena.

TRES PROPOSICIONES

Neville Goddard
(1954)

Bueno, mi primera proposición es esta. El estado de consciencia del individuo determina las condiciones y las circunstancias de su vida. La segunda proposición es que el hombre puede seleccionar el estado de consciencia con el que desea identificarse; y la tercera que sigue naturalmente – por lo tanto, es que el hombre puede ser lo que quiere ser.

Si la primera proposición es verdad que el estado de consciencia del individuo es la única causa del fenómeno de su vida, entonces la pregunta normal y natural que uno se pregunta es: "¿Por qué no cambia su estado actual a un estado más deseable, si puede cambiarlo? Bueno, no es tan fácil como parece.

Hoy espero poder darles una técnica para hacerlo más fácil, pero al hombre le cuesta mucho dejar las cosas de las que se ha acostumbrado. Todos hemos crecido con la costumbre de estancarnos en lo habitual. Podrá parecer extraño, pero una caricatura muy áspera apareció hace unos años atrás, durante la segunda guerra mundial; quizás la vieron, salió en la revista "New Yorker", y era una de las de George Price. En la caricatura, había solo una pequeña habitación, una pileta de cocina donde se veían muchos platos apilados sin lavar, el empapelado que se caía de las paredes, y estas dos personas en sus cincuentas, ella sentada en una silla leyendo una carta, con pelo descuidado, y él con ropa descocida y emparchada, y la leyenda de la imagen es ésta. (Ella está leyendo una carta de su hijo que era soldado, y estaba en la guerra) y la leyenda decía: "dice que extraña estar en casa". Ahora, deberían ver el interior de esta casa mono ambiente, completamente desordenada, ¡pero el muchacho extrañaba su casa!

 Caricatura que encontré de George Price, a la que se refiere Neville. (Laura Arrojo)

Para el hombre es muy difícil desapegarse de lo habitual; así que esta mañana les traigo estas tres proposiciones, y espero explicarlo claramente para que ustedes puedan aplicar este conocimiento, para realizar todos sus objetivos. Es la tontería más grande esperar a que vengan cambios por el mero pasaje de tiempo, porque aquello que requiere que cierto estado de consciencia produzca su efecto, no puede efectuarse sin tal estado de consciencia. La mayoría de nosotros no sabemos ni a qué nos referimos por estado de consciencia. Para aquellos que están aquí por primera vez, nos referimos a estado de consciencia como la suma total de todo lo que el hombre cree, acepta y da consentimiento como verdadero.

Ahora, puede que algo no sea verdadero; podría serlo, pero no necesariamente tiene que ser verdadero; puede ser falso, puede ser mitad verdadero, podría ser una mentira, podría ser una superstición, podría ser un prejuicio, pero la suma total de todo lo que el hombre cree, constituye su estado de consciencia.

Es en la casa en la que él mora, y mientras siga permaneciendo en esa casa, seguirá siendo confrontado por problemas similares; las circunstancias de la vida permanecerán siendo las mismas. Aunque se mueva físicamente hasta los confines de la tierra, seguirá encontrándose con condiciones similares; él no puede escaparse de la casa en la que reside.

La biblia habla de estas casas como mansiones del Señor, habla de ellas como ciudades, habla de ellas como habitaciones, como las habitaciones de arriba; utiliza todo tipo de palabras para describir los estados de conciencia del individuo. Y a lo que la biblia apela siempre es a mudarse y ocupar un nivel más alto, queriendo decir que nos movamos hacia arriba a un nivel superior dentro de uno mismo.

Ahora, si tú no sabes en qué estado estás morando, hay una técnica muy simple que puedes utilizar para descubrir ese estado: porque el hombre que mora en un estado, y todos estamos morando en algún estado, puede descubrir fácilmente en qué estado está morando al escuchar su interior y observar sus propias conversaciones mentales, ya que el estado está cantando su propia canción y se revela a sí mismo en la conversación interna del hombre. Si estás dispuesto a escuchar atentamente y sin criticar, a lo que tú estás diciendo internamente, descubrirás al estado.

Y no te sorprenderá que las cosas estén como están porque escucharás dentro de ti mismo la causa del fenómeno de la vida. Así que lo que estás diciendo y haciendo internamente es mucho más importante que lo que sabes externamente o lo que expresas en apariencias externamente; así que cuando el hombre sabe lo que está haciendo internamente, puede cambiarlo.

Si tú nunca has observado tus reacciones hacia la vida sin criticar; si estás completamente inconsciente de tu comportamiento subjetivo, entonces estás inconsciente de la causa de las cosas en tu vida. Pero si te concientizas del estado en el que moras, entonces simplemente vas y lo cambias.

Ahora, aquí hay una técnica que yo he encontrado muy útil y creo que funciona como un milagro; cualquiera puede hacerlo. Sé que muchos de ustedes aquí posiblemente vengan de caminos extremadamente ortodoxos, y hasta les parecerá extraño estar aquí, pero les aseguro que no están solos, muchos de sus líderes en el campo ortodoxo buscan a una audiencia con un orador; muchos rabinos han venido a mi casa, muchos curas también, y hasta muchos líderes protestantes. Muchos de ellos. Vienen a mi casa por las interpretaciones del libro que públicamente jamás se atreverían a dar, excepto por la interpretación más literal que dan. Así que no se sorprendan si escuchan cosas aquí que los dejaría perplejos; sus líderes han quedado perplejos; pero esta es una técnica que he encontrado muy útil.

Primero que todo, el hombre está parado para siempre, en la presencia de una energía infinita y eterna, de la cual todas las cosas proceden, pero siguiendo un patrón definitivo: esta energía no sale del hombre y se cristaliza en cosas de manera extraña y al azar. Sigue una vía definitiva y la vía que sigue es fijada por el hombre mismo en su propia conversación interna. Así que el hombre es llamado para cambiar su manera de pensar para así cambiar su mundo, porque se nos ha dicho: "sean transformados mediante la renovación de vuestra mente" (Romanos 12: 2). Pero el hombre no puede cambiar su manera de pensar a menos que cambie sus ideas, porque él piensa desde sus ideas. Así que si cambiara y me transformara, tendría que establecer una nueva vía, y la vía siempre se establece en mi propia conversación interna. Entonces, ¿qué estoy diciendo ahora que aparentemente estoy solo?; puedo sentarme en esa silla, o pararme aquí, o caminar las calles, y no puedo parar de hablar. El hombre no se da cuenta que está hablando, porque nunca está lo suficientemente quieto para escuchar la voz que está hablando dentro de él, pero él está susurrando internamente lo que externamente está tomando lugar como condiciones y circunstancias.

La mayoría de las cosas que susurra son negativas para justificar su comportamiento. No hay necesidad de justificar. El hombre está excusando sus retrasos o excusando el fracaso, o está peleando, o está juzgando duramente, o está condenando. Muchos de nosotros tenemos afectos secretos por dolencias; no queremos ser queridos por ciertas personas; tan solo no nos gustaría que les agrademos.

Simplemente no queremos que ciertas cosas sucedan en nuestro mundo aun cuando esas cosas puedan traer un mejor confort y una mejor satisfacción. El hombre tiene un sentimiento extraño y peculiar, un pequeño agrado al sentirse no querido o ante el sentimiento de ser lastimado, y le gusta hablar de eso.

Bueno, intenta sacar a ese hombre de su estado habitual: será tan difícil como mantener lejos a ese soldado de ese espantoso mono-ambiente; volverá a su espantoso mono-ambiente interior.

Tu no ves los platos sucios dentro de ti mismo, pero si pudieras ver solamente el estado psicológico interno en el que la mayoría de nosotros moramos, veríamos una habitación mucho más sucia que la que George Price ilustró en la revista "New Yorker". Hay muchos platos sucios dentro de nosotros: externamente los lavamos, pero se nos dice en la biblia que dejamos nuestro interior sin lavar y nos convertimos en "sepulcros blanqueados"; (Mateo 23: 27 y 28).

Ahora, si yo sinceramente deseara cambiar mi mundo, no hay nadie en mi mundo a quien tenga que cambiar sino a mí mismo, así que no necesito cambiarte a ti como individuo pero necesito cambiar mi actitud hacia contigo. Si yo no te agrado, o si yo creo que no te agrado, o si tu comportamiento me ofende, la causa de mi ofensa no está en ti ni en tu comportamiento, sino que tengo que buscar la causa dentro de mí mismo.

Ahora, si yo seriamente y realmente soy honesto en mi búsqueda, encontraré la causa y descubriré que cuando pienso internamente sobre ti, nunca estoy teniendo una conversación agradable contigo. Así que déjame que me siente ahora, y te traiga al ojo de mi mente, y mientras te traigo al ojo de mi mente déjame imaginar una conversación que implicaría un cambio radical en mi mundo; déjame que te traiga a mi mente y cambie mi actitud hacia contigo, al establecer nuevas vías en relación contigo.

Esta nueva vía se convertirá luego, en las vías a través de las cuales esta energía eterna se verterá, una energía que solamente está pensando; moviéndose a través de las vías que establecí en mi propia conversación interna que resultará en los cambios en mi mundo externo. Ahora, si repito la conversación y lo hago más seguido, entonces se convierte en hábito y descubriré que cuando estoy viviendo los asuntos de mi Padre en el mundo externo, es porque internamente estoy manteniendo a través del hábito, estas conversaciones ya cambiadas y más amorosas. Ahora, una transformación de la conciencia resultará definitivamente en un cambio de ambiente y condiciones. Pero me refiero a una transformación de la conciencia, y no a una pequeña alteración de la conciencia como un cambio de un humor.

Se siente bien cambiar de humor de uno desagradable a uno más agradable, pero lo que yo quiero es una transformación; y por transformación me refiero a cuando me moví a un estado al cual me muevo tan seguido que se convierte en hábito y ése estado crece hasta estabilizarse, a punto tal que expulsa hacia afuera de mi conciencia, todos sus rivales; entonces es ése estado central habitual el que define mi carácter y constituye realmente mi nuevo mundo.

Expresa una transformación, pero si lo hago solo por un pequeño rato, y luego vuelvo a mi estado anterior, entonces puede que haya tenido una pequeña elevación temporal, pero no notaré cambios radicales en mi mundo externo. Solo notaré estos cambios en mi mundo externo, si he cambiado realmente en mi mundo interno. Luego, sin esfuerzo alguno de mi parte, encontraré mi mundo externo cambiando para corresponder a los cambios que tomaron lugar dentro de mí.

Así que tómalo en cuenta; no puedo repetirlo suficientes veces; no puedo darle más importancia; esta cosa maravillosa llamada La habilidad del hombre de poder hablar internamente y sin la ayuda de nadie en el mundo, sentado solo en tu casa tu puedes construir una oración que implicaría el cumplimiento de tu ideal; puedes construir una oración que implicaría que una amiga a la que he bendecido ahora ha realizado su objetivo; que la cosa que ella quiere, ella ya la tiene. Entonces, ¿Qué te diría ella, si ya lo hubiera logrado? Bueno, tu escuchas atentamente como si lo hubieras escuchado, y tú realmente lo escucharás si estás lo suficientemente quieto. Lo escucharás como si viniera de afuera lo que en realidad estas susurrando dentro de ti.

El hombre, es este maravilloso templo donde todas las obras son hechas, y el mundo externo es solo una proyección del trabajo hecho dentro de sí mismo. Esto, llamado el hombre presente, desafortunadamente está dormido. Se nos dice tan maravillosamente en la Biblia, que Adam dormía, en el segundo capítulo de Génesis. Él fue puesto en un sueño profundo, del cual no ha sido despertado. No hay referencia en la biblia que diga que Adam fue alguna vez despertado de su sueño, pero sí hay una referencia donde dice que él despertó, pero no como Adam; él despertó como el segundo hombre llamado Cristo Jesús. Entonces en Cristo ellos despiertan; en Adam todos duermen, pero el hombre que es totalmente ignorante de la actividad mental que ocurre dentro de él es aquél que duerme como Adam: él no lo sabe.

Él camina con sus ojos bien abiertos, él podrá ser una persona muy importante en el mundo, podrá ser rico, podrá ser famoso, podrá tener todas las cosas que tu admiras, pero si es completamente ignorante de esa actividad mental que es la causa del fenómeno de su vida, ése hombre está completamente dormido y es personificado como Adam.

Él podrá leer su biblia y pensar que es una historia literal; leerá donde dice que Adam fue puesto en un sueño y que de Adam se sacó una costilla y que una mujer fue formada y llamada Eva, pero cuando un hombre comienza a despertar, se da cuenta que ésta Eva simbólica de la biblia es solamente su propia emanación ahora llamada con el nombre naturaleza. Y la naturaleza es su esclava, y ella debe moldear la vida sobre él, de la manera en que él moldea la vida dentro de sí mismo. Pero si él está dormido, entonces la moldea en confusión, pero de todas maneras la está moldeando, ya que está utilizando la misma técnica que su Padre utilizó para crear un mundo. Él utiliza el discurso, utiliza la conversación interna, y así es como todo este vasto mundo ha sido traído a la existencia; así que él utiliza la misma técnica, él tiene discurso y él tiene mente, pero en el estado de sueño, él trae condiciones extrañas, y no sabe que él es la causa de estas cosas extrañas que lo rodean. A medida que comienza a despertar, despierta sólo como un solo ser, él despierta a Cristo Jesús, y el ser llamado Cristo Jesús personificado en nuestro evangelio es simplemente la despierta y amorosa imaginación.

El amor imaginativo, donde sólo el amor guía, es incapaz de oír nada que no sea amoroso. Cuando ese ser comienza a despertar, no ve las cosas en pura objetividad, sino que ve todo subjetivamente relacionado con él mismo. Es incapaz de conocer a un extraño; podrá conocer a uno por primera vez, pero él sabe que no es realmente un extraño; que ese hombre no tenía poder para venir a su mundo salvo que él mismo lo haya atraído desde su interior. "Nadie puede venir a mi a menos que el Padre que me envió, lo atraiga" (Juan 6:44); "Nadie me la ha quitado, sino que la entrego por mi propia iniciativa." (Juan 10:18), "No me elegisteis vosotros a mí, sino que yo os elegí a vosotros." (Juan 15:16).

Aunque en apariencias parecería que tú has venido ahora por primera vez en mi vida, aun así tú no me has elegido a mí, sino que yo te he elegido a ti. Así que veo a cada ser, subjetivamente relacionado conmigo. Así que en ese estado, te conviertes incapaz de ser lastimado, superas toda la violencia que anteriormente has expresado en el mundo cuando estabas dormido. No hay condenación para el hombre dormido, él está soñando confusión porque no sabe quién es él; pero él comienza a despertar con estas técnicas que les he dado esta mañana.

Si tú tomas esta técnica y la pruebas conscientemente; porque estoy aquí para apelar, no a las mentes pasivas que se rinden a las apariencias, sino que apelo al Cristo en ti que es el uso consciente de tu amorosa imaginación. Cuando te quieras sentar, y predetermines lo que quieres escuchar, y lo escuchas hasta que lo oyes, y te rehúsas a escuchar nada que no sea eso, entonces estás utilizando el único poder en el mundo que despierta al mundo, y estás usando tu amorosa imaginación, que es "Cristo en ti, la esperanza de la gloria."

La semana pasada, una señora escuchó la historia de la revisión; y su esposo la llama con una gran noticia; se ha encontrado con una fortuna.

Resulta que el esposo había enviado 183 metros de película a la Compañía Acme y ellos le devolvieron la película, con solamente 90 metros que estaban en buena condición. Los otros 90 metros eran harapos, como se lo llaman; no había una cosa en ellos, completamente en blanco. Y encima estaban atrasados con el tiempo, esos 183 metros de película tenían que estar en un avión camino a Chicago en el presente inmediato, en menos de 12 horas, tenían que estar allí, ése era el contrato, y esos 90 metros de película filmada no tenían ni sonido, y estaban completamente blancos.

Ella se sentó cuando su esposo la llamó, cuando la llamó desesperadamente; ella se sentó al lado de su cama, donde había recibido la llamada, levantó el receptor del teléfono, y se sentó en silencio hasta que escuchó dentro de ella misma, que sonaba el teléfono y a través de ese cable, escuchó a esa misma voz, pero ahora una no tan ansiosa, sino una tierna y amorosa voz, que era su marido, explicando que toda la situación se había resuelto, que habían encontrado lo que aparentemente se había perdido para siempre. Ella se sentó en el silencio por una hora y diez minutos, y allí escuchó y escuchó hasta que todo su cuerpo se aquietó escuchando sólo lo que ella quería escuchar. Y una hora y diez minutos después, mientras ella permanecía todavía quieta en el silencio, el teléfono sonó. Era su marido llamándola para decirle que la compañía Acme acababa de llamarlo para explicarle y disculparse, que habían cometido un error, que habían encontrado los 90 metros de película perdidos. Y que no había ni un harapo, que no había ninguno en blanco, que toda la película estaba perfecta.

Ahora, la persona común, sin conocer esta ley de la revisión, y aún algunos que sí la conocen, hubieran aceptado como definitivo las evidencias de los sentidos, y si recibieran noticias que parecieran tan determinantes como éstas, les hubiera agarrado un ataque, le hubieran llorado a gritos a la compañía Acme, y hubieran intentado por todos los caminos, tratar de solucionarlo. Pero ella escuchó, y actuó sobre el asunto, y a eso me refiero cuando les digo que si con un poco de conocimiento tú ya lo pones en acción, será mucho más rentable que tener mucho conocimiento e ignorarlo sin ponerlo en acción; ahora, muchos de ustedes aquí presentes, y esto no lo digo para juzgarlos, ya tienen el mismo conocimiento que esta señora tiene; ella ha comenzado a venir aquí hace poco tiempo, pero ella ha escuchado, ella ha venido a todas las reuniones que se hicieron en el Teatro Ebell, y también ha venido aquí; indudablemente ella está aquí esta mañana, ha venido los primeros dos domingos y no se ha perdido de ninguna de las reuniones en el Teatro Ebell, y habiendo escuchado el arte de la revisión, ella actuó sobre el asunto. Otros han escuchado el arte de la revisión, pero ¿lo han usado?

Anoche. ¿Has permitido que el sol descienda sobre tu ira?; ¿has dormido anoche con algún problema, algún enfado sin resolver?; ¿te has ido a dormir anoche, habiendo realmente resuelto cada enfado y problema del día? Todos los pequeños problemas, cada uno de ellos deben ser resueltos, tu reescribes la obra. Si tú no has reescrito los eventos de ayer, haciéndolos conforme al ideal que tu deseas haber experimentado, entonces tú has escuchado pero no eres un hacedor. Y entonces, se te dice en la biblia: "Porque si alguno es oidor de la palabra, y no hacedor, éste es semejante al hombre que mira su rostro natural en un espejo; pues se mira y allá se va e inmediatamente olvida qué clase de hombre es. Pero el que mira con cuidado en la ley perfecta que pertenece a la libertad, y persiste en ella, éste por cuanto se ha hecho, no un oidor olvidadizo, sino un hacedor de la obra, será feliz al hacerla." (Santiago 1: 23 al 25).

Para aquellos que son estudiantes de la Biblia y lo quieren chequear, lean el libro de Santiago. Encontrarán esa historia en el primer capítulo de la epístola de Santiago, donde él mira hacia su interior y se libera a sí mismo; bueno, ella se liberó a si misma al oír hasta escuchar exactamente lo que ella quería escuchar, y ella lo escuchó una hora y diez minutos después. Ahora, refiriéndome a la mayoría de las personas que dije que no hubieran actuado al respecto: a través del hábito, les hubiera agarrado un ataque de histeria; se hubieran enfurecido y se hubieran preocupado, y ese mismo día, él hubiera traído a casa las malas noticias que indudablemente él tendría, y ambos hubieran dormido dejando que el sol descienda sobre su ira.

Pero ahora saben que no hay nada que cambiar en lo exterior, esa primera proposición es verdad; que el estado de conciencia del hombre, que simplemente significa todo lo que él acepta, todo lo que él cree, todo a lo que él le da consentimiento, eso y solamente eso es la causa del fenómeno de su vida. El hombre puede cambiar su estado de conciencia y por lo tanto el hombre puede determinar las condiciones de su vida.

Pero el mero pasaje de tiempo, por sí solo, no puede hacer nada; el tiempo es nada más que un medio para los cambios en la experiencia pero no puede producir cambios. Es simplemente aquello que permite que los cambios tomen lugar, pero no puede producirlos. El espacio nos da el medio para la experiencia, y el tiempo para los cambios en la experiencia, pero por si solos no hacen nada. Nosotros debemos operar el poder, así que si el individuo no se convierte en el operador, entonces esperará en vano.

Así que nadie aquí en esta mañana, de hecho nadie que ha venido durante todo el año, debería permitirse culpar a otro; jamás debería permitirse justificar el fracaso, porque tan sólo estará traicionando su propia falta de uso de esta ley. A cualquiera que escuches que se esté quejando de otra persona, no tiene idea de cómo se está traicionando a sí mismo; te está hablando de sus propios platos sin lavar dentro de sí mismo; pero él no lo sabe. Él cree que el problema está en aquel que él está juzgando ahora, pero cuando te hable, escucha atentamente y observa qué es lo que debe ser lavado dentro de él, y ayúdalo.

En tu propio ojo de la mente, reescribe ese guión que has escuchado, y cuando lo dejes irse, tan solo imagina que has escuchado una conversación más agradable que la que acabas de escuchar. Tan solo reescríbelo para él, y de una manera extraña, elévalo dentro de ti, porque esa es tu tarea; esa es mi tarea.

No estamos aquí para condenar, estamos aquí para redimir; habiendo despertado hemos encontrado a Cristo en nosotros como nuestra propia imaginación, entonces nuestro deber, como es dicho el deber de Cristo, es hacer la voluntad de aquel que me envió y la voluntad de aquel que me envió es: "que de todo lo que Él me ha dado, yo no pierda nada". (Juan 6:39); "sino que lo resucite"; y yo lo resucito al encontrarme con alguien, y luego al encontrarlo en la bajeza, lo elevo "dentro de mí".

Yo simplemente escucho lo que quisiera escuchar de él. Ahora, ésta es mi voz la que están escuchando esta mañana, ustedes podrían recordar mi tono, si escuchan atentamente y escucharán este tono dentro de ustedes; cuando escuchen el tono dentro de ustedes, pónganle a ese tono, la palabra que ustedes quisieran escuchar, y habiéndolo hecho, escuchen y no se muevan hasta que oigan este mismo tono diciendo estas palabras. Pero hagan de esas palabras, nobles palabras; no utilicen este tono para nada más que lo que implique un digno y noble estado, porque no estarán lastimando a nadie más que a ustedes mismos.

Si tu tomas a alguien y le pones palabras al tono de su voz que no impliquen a un espíritu noble, entonces tan solo estás permitiendo que ese ser esté en la bajeza dentro de ti; no estás haciendo tu deber realmente.

Así que aquí esta mañana, crean en estas proposiciones y luego habiéndolas creído, hagan algo al respecto. Vayan y hagan lo que les he dicho respecto a sus discursos internos: es realmente la más grande de las artes. Tú escuchas y solo escuchas aquello que quieras oír. Tú tomas tu mano imaginaria y la pones en la mano de un amigo, la mano imaginaria de un amigo, y así lo felicitas por su buena fortuna. Si tú quieres que alguien te felicite a ti, te permites ser felicitado. Tú no agachas la cabeza, sino que la sostienes alta y aceptas la felicitación, y cuando lo felicitas a él, imagina que él está completamente consciente de la buena fortuna que le ha tocado y que ya es de él, y que él acepta tus felicitaciones, y haz que el contacto sea real.

Eso es realmente entrar al reino de los cielos, porque tú entras al reino y el reino está dentro de ti, no está fuera de ti, y siempre entras al reino a través de una amorosa y sabia meditación. Tu puedes entrar al reino en cualquier momento del día, ya sea conduciendo tu automóvil, viajando en autobús, y mientras todos charlatanean y chismosean, tu puedes entrar al reino y bendecir a un amigo con tan solo imaginar que tu amigo está contigo, y le estás dando la mano y felicitándolo por las buenas noticias que acabas de escuchar respecto a su vida, y oye como si él te respondiera amablemente; y en ese momento tu realmente lo has bendecido. Él podrá estar a miles de kilómetros de donde tú estás, pero a partir de ese momento las cosas comienzan a moverse en su mundo porque tú has traído un cambio dentro de la estructura de su mente y cualquier modificación en la estructura de la mente del hombre, debe resultar en sus cambios externos correspondientes.

Entonces traes estos cambios amorosos dentro de ti. Miren a los testimonios; uno de los cuales han escuchado esta mañana. Aquí ven esta pila de cartas, y esta es una pila muy, muy comprimida. Creo que es una de las pilas más grandes que jamás hayan recibido aquí; ¡y el correo de esta semana!; no puedo empezar a decirles la excitación que tengo de recibirlo; una carta atrás de otra y ya ninguna rogando por ayuda, sino que todas dan alabanzas y agradecimientos por el principio que les trajo ayuda a su mundo.

No puedo decirles cuantos son los que en las últimas dos semanas han recibido un aumento en su salario, un ascenso de trabajo, un mejor estado de salud. Estas cosas sucedieron porque hicieron algo al respecto. Ellos no estaban aquí todos los domingos por la mañana para calentar un asiento y esperar a que las cosas sucedan por asociación; ellos produjeron las cosas al generarlas primero dentro de sí mismos.

Así que esto que les presento aquí apela a los hombres que son lo suficientemente grandes para pararse en sus dos pies; hombres que quieren carne espiritual y que ya han trascendido la leche dada al hombre dormido. Así que si tú quieres el concepto literal, tú estás dormido aun, y este no es el lugar donde lo podrás encontrar; porque desde esta plataforma, se te dará carne, carne espiritual, porque tú debes salir y hacer algo al respecto. Si tú tienes el más grande conocimiento del mundo respecto a los alimentos, y no has comido, morirás de hambre. Así que no es el conocimiento al respecto, sino la aplicación de él lo que importa.

Así que esta semana entrante, que comienza mañana; y es una semana interesante para aquellos a los que les gusta su Biblia; para aquellos a los que les gustaría poner sus dientes mentales en ella esta noche, y venir mañana a la noche con algún conocimiento intuitivo al respecto, a ustedes aquí les dejo el capítulo 49 de Génesis; verán que muchos de ellos los utilizaré mañana, pero en el capítulo 49 de Génesis; esto es lo que dice. Primero que todo, él llama a todos de sus hijos para decirles su futuro, y hay doce de ellos. Es Jacob llamando a sus hijos, pero al quinto, cuando llama al quinto, le dice que el cetro jamás será tirado, jamás se apartará de tu mano, nunca, nunca en la eternidad. Su nombre es Judá, aquel que ha engendrado el linaje que dio a florecer a Cristo Jesús; cuando leas la genealogía dada a nosotros por Mateo y Lucas.

Luego dice que Judá tomó su potro y lo ató a una viña y luego tomó a una cría de asna y le ató a una buena viña de su elección, y luego lavó sus prendas en vino y lavó su ropa en la sangre de uvas. Y su ojo estaba rojo por el vino y sus dientes blancos por la leche.

Bueno, para aquellos que todavía quieren leerlo de manera literal, quizás obtengan alguna satisfacción en lavar sus ropas en vino; yo no; yo prefiero tomarlo; pero algunos las lavan en la sangre de uvas y luego lavan sus dientes blancos en leche y sus ojos con vino. Bueno, él es aquel que engendró junto a Tamar, los mellizos que generaron el linaje que trajo a Cristo Jesús. Así que ve y lee la genealogía de Judá, y lee lo que Judá hizo y cómo tomó dos animales, uno era un potro y otro un potrillo.

Ahora, no les diré la interpretación: ustedes ejercitarán sus facultades intuitivas y vengan mañana a la noche y escuchen lo que tenemos que decir respecto a la amatista, o la piedra de vino: cómo el hombre debe hacer la amatista, cómo el hombre debe tomar sus prendas, lo que viste a la mente del hombre, y lavarlas en sangre de uvas, y cómo el hombre no sólo debe hacerlo sino que también su ojo debe estar igualmente inyectado de sangre con vino y sus dientes blancos con leche.

Y les mostraremos mañana a la noche porqué le pusieron a él la túnica color escarlata, y luego le pusieron la más mística de todas: la túnica púrpura; así que mientas se las ponían, en el último acto fue ponerle la túnica púrpura sobre el hombre que ha despertado, aquel que ya está listo para ascender a lo alto, a más altos niveles dentro de sí mismo.

Pero tú no puedes ascender hasta que llegues primero a la túnica purpura, y aunque existan órdenes (organizaciones) en este mundo, que tienen túnicas escarlatas y túnicas purpuras, ningún hombre puede hacerlas para ti. Así que no pueden ser tejidas en ninguna fábrica; deben ser fabricadas en la fábrica que está dentro de ti. Así que mañana a la noche, para aquellos que están realmente interesados en ir a las profundidades de los misterios de este tema es: "El duodécimo, una amatista". El último acto del hombre, el duodécimo, porque hay solo doce, luego viene la piedra más preciada, diría yo, aunque en el ojo de los hombres es la menos preciosa, pero en los ojos de Dios es la más preciosa y no me refiero a esa pequeña piedra que encuentras entre las piedras, es aquella que encuentras dentro de ti mismo. Así que ese es el tema de mañana.

Ahora, vayamos al silencio.

GUÍA PRÁCTICA

-

EJERCICIOS PRÁCTICOS

1. Revisión de Conversación Interna: Durante el día, presta atención a tus conversaciones internas. Cuando surjan pensamientos negativos o limitantes, cámbialos conscientemente por afirmaciones positivas que reflejen el estado que deseas alcanzar.

2. Imaginación Dirigida: Cada mañana, dedica unos minutos a imaginar cómo actuarías si ya estuvieras en tu estado deseado. Visualiza detalles específicos de tu entorno, cómo te sientes y cómo interactúas con otros desde esta nueva identidad.

3. Diario de Estados: Lleva un diario donde registres diariamente tus pensamientos y emociones predominantes. Analiza patrones y ajusta tu enfoque diario hacia pensamientos y creencias que reflejen el estado de conciencia que deseas habitar.

-

REFLEXIONES GUIADAS

1. Identificación de Estados de Conciencia: ¿En qué áreas de tu vida te sientes limitado o estancado? Reflexiona sobre cómo tu estado de conciencia actual podría estar creando estas limitaciones y cómo podrías transformarlo hacia una mayor libertad.

2. Consistencia en el Nuevo Estado: ¿Cuán constante eres en mantener tu enfoque en el estado que deseas? Reflexiona sobre

qué te hace volver a viejas creencias y cómo puedes cultivar mayor constancia en el nuevo estado.

3. Observación de Conversaciones Internas: ¿Qué tipo de conversación interna predomina cuando te enfrentas a dificultades? Reflexiona sobre cómo puedes hacer de tus pensamientos una herramienta para transformar esas situaciones en oportunidades.

-

CONCEPTOS DE PSICOLOGÍA POSITIVA

1. Mindfulness o Atención Plena: Practicar la autoobservación ayuda a tomar conciencia de las propias creencias limitantes. Esto facilita el proceso de cambio al permitir que la persona se libere de patrones mentales negativos, alineándose con el estado deseado.

2. Mentalidad de Crecimiento: En psicología positiva, la mentalidad de crecimiento sugiere que las personas pueden desarrollar nuevas habilidades y cambiar su realidad. Este enfoque fortalece la idea de Neville de que podemos elegir y mantener el estado de conciencia deseado.

3. Autoeficacia: La práctica de elegir un estado de conciencia positivo y mantenerlo refuerza la autoeficacia, promoviendo una mayor confianza en la capacidad personal para crear cambios significativos en la vida.

-

CITAS DE TEXTOS ESPIRITUALES

1. Proverbios 23:7: "Porque cual es su pensamiento en su corazón, tal es él." Esta cita refuerza la primera proposición de Neville de que el estado de conciencia determina la realidad que experimentamos.

2. Romanos 12:2: "No os conforméis a este siglo, sino transformaos por medio de la renovación de vuestro entendimiento." Este versículo resalta la importancia de cambiar el estado de conciencia para transformar la vida.

3. Filipenses 4:8: "Todo lo que es verdadero, todo lo honesto... en esto pensad." Esto subraya la importancia de mantener pensamientos que reflejen el estado ideal, en consonancia con la enseñanza de Neville de seleccionar el estado deseado.

-

PERSPECTIVAS DE AUTORES RELACIONADOS

1. Joseph Murphy: En "El poder de la mente subconsciente," Murphy explora cómo las afirmaciones y el pensamiento positivo pueden transformar la vida, apoyando la proposición de Neville sobre el cambio del estado de conciencia.

2. Napoleon Hill: En "Piense y hágase rico," Hill enseña que la persistencia en los pensamientos y creencias deseados es clave para el éxito, un concepto en sintonía con la práctica de elegir y mantener el estado de conciencia ideal.

3. Wayne Dyer: En su obra "El poder de la intención," Dyer propone que vivir desde la intención y visualizar el estado deseado activa las fuerzas de manifestación, similar a la segunda proposición de Neville sobre la selección del estado de conciencia.

Estas sugerencias ayudan a profundizar en las enseñanzas de Neville, permitiendo a los lectores comprender y aplicar las tres proposiciones para lograr una vida más alineada con sus aspiraciones y estados deseados.

UNA INVERSIÓN SÓLIDA

Neville Goddard
(1953)

Quiero compartir hoy con ustedes lo que considero una de las revelaciones verdaderamente grandiosas de todos los tiempos.

El domingo por la mañana, 12 de abril, mi esposa se despertó de lo que era un sueño realmente profundo y, mientras estaba despertando, una voz muy distintiva le habló, le habló claramente. La voz le habló con gran autoridad y le dijo: "Debes dejar de gastar tus pensamientos, tu tiempo y tu dinero; todo en la vida debe ser una inversión". Así que rápidamente ella lo escribió y fue directamente al diccionario para buscar las dos palabras importantes en la oración: 'gastar' e 'invertir'. El diccionario define 'gastar' como desperdiciar, despilfarrar, el gasto sin retorno. 'Invertir' es gastar para un propósito, por el cual se espera un beneficio.

Entonces comencé a analizar la oración: "Debes dejar de gastar tus pensamientos, tu tiempo y tu dinero, porque todo en la vida debe ser una inversión". Mientras le daba vueltas, vi que todo es ahora; que a través de los portales del presente debe pasar todo el tiempo, y este ahora psicológico – el estado en el que me encuentro ahora- no retrocede hacia el pasado, sino que avanza hacia mi futuro. Por lo tanto, lo que hago ahora es lo más importante, y como el pensamiento es la moneda del cielo, es el dinero del cielo, entonces, el pensamiento que mantengo ahora, el pensamiento al que doy mi consentimiento, debe manifestarse. Como se nos dijo en Efesios "Todas las cosas cuando son puestas en evidencia, son manifestadas por la luz, y todas las cosas cuando son manifestadas, son luz". La palabra 'luz' se define como conciencia, por lo tanto, el estado al que ahora doy mi consentimiento, debe manifestarse y cuando es manifestado, es sólo ese estado de conciencia hecho visible que viene a dar testimonio del estado en el que habito.

De manera que cada momento del tiempo yo estoy gastando o estoy invirtiendo. Desafortunadamente la mayoría de nosotros gastamos la moneda del cielo y, por la mañana, el mediodía y la noche, vivimos en estados negativos por los cuales no hay retorno, cuando fácilmente podríamos haber invertido ese momento, de manera que al final de ese día realmente pudiéramos tener una maravillosa cartera. La persona con mentalidad religiosa probablemente invierte el domingo por la mañana. Mediante el servicio, él se eleva por un momento; si no es demasiado crítico, él podría ganar con el himno, él podría ser llevado con el coro, la música del órgano, la dirección desde el púlpito, y por un momento él está invirtiendo; pero el resto de la semana él gasta.

Ahora, tú sabes por experiencia que, si pones todo tu dinero en una gran empresa – puede ser grandiosa, puede ser sólida – pero al final de un año los directores pueden decidir reorganizarse y, por lo tanto, decidir reservar el dividendo, y si tú dependías de un cheque de dividendo para tus necesidades diarias – aunque es una empresa buena, solida, maravillosa – cuando reservan el dividendo, entonces tú debes vender algunas acciones o tomar un préstamo. No obstante, cada momento del tiempo tú podrías tener una cartera maravillosa, y si alguien reserva un cheque de dividendos, no importa. Si dedicas cada momento del tiempo al pensamiento positivo, al pensamiento constructivo, no aceptando ningún rumor que no contribuya al cumplimiento de tu deseo – no importa lo que sea, podría ser el hecho más obvio del mundo – si no contribuye al cumplimiento de tus sueños, no lo aceptes porque si lo haces, estás gastando. Si tú – no negando, sino por completa indiferencia, completa no-aceptación- te vuelves hacia lo que desearías haber escuchado en lugar de lo que escuchaste, estás invirtiendo. Lo que importa no es lo que escuchaste, lo que importa es la admisión de su veracidad. Todas las cosas cuando son admitidas, no todas las cosas cuando son escuchadas. Si tú le das tu consentimiento, si tú lo aceptas como verdadero, entonces, tú gastas por aceptación, o inviertes, dependiendo de la naturaleza del estado aceptado.

Esta revelación que me llegó a través de mi esposa; si hubiera sido dicho en nuestra Biblia, se habría dicho en su extraño modo: – "Y el Señor Dios le habló en este día y le dijo a ella, su sirvienta"- y ellos habrían dicho qué revelación habría llegado de esa manera, pero vino a una esposa natural normal, vino de una manera natural normal, para instruirla no sólo a ella, sino también a su esposo, porque yo fui el primero a quien ella se lo contó, y no te puedo decir lo que me ha hecho desde que lo escuché en la mañana del 12 de abril, porque me hizo más consciente del momento, me hizo mucho más consciente de cada momento del día para no estar gastando. Yo debo invertir, el tiempo es demasiado precioso, y estos momentos no retroceden, no desparecen, siempre están avanzando hacia mi futuro ya sea para confrontarme con un desperdicio o mostrarme un maravilloso retorno. Si invierto es para un propósito y, por lo tanto, tengo la esperanza, no sólo la esperanza, yo espero una recompensa: yo espero una ganancia en mi inversión. Así que un momento que pase ahora, este mismo día, mañana podría darte grandes dividendos.

Ahora, hace dos semanas, conté una historia aquí de Jimmie Fuller. Bueno, no tenía todos los detalles de la historia, pero después de la reunión decenas de ustedes me dijeron – no sólo después de la reunión de ese día, sino después de mis reuniones en el Teatro Ebell- que Jimmie Fuller para hacer la fortuna que él hizo, debe haber tenido un gran capital. Bueno, yo no pude afirmar ni negar su resuelta afirmación, ya que ustedes hablaron como si supieran y muchos de ustedes casi me convencieron de que él tenía un gran capital y por eso lo convirtió en grandes ganancias. Así que el viernes por la noche, yo le pedí que me contara más detalles. Él dijo: "Cuando viniste aquí hace cuatro años, Neville, yo vine a escucharte. Mi esposa me preguntó '¿Por qué vas a escuchar a Neville? ¿Quién te habló de Neville? – él dijo: "Una noche encendí la radio y escuché al Dr. Bailes. Nunca había oído hablar del hombre antes. Al final de su conferencia, la cual disfruté mucho, dijo que Neville vendría a dar una charla para nosotros y es algo que no se debía dejar pasar. Bueno, me gustó tanto el Dr. Bailes, que lo encendí la noche siguiente, y durante las siguientes dos semanas siguió promocionándote y él fue tan generoso en sus elogios, que pensé que tenía que escuchar a ese hombre. Así que cuando vine, disfruté de lo que escuché el domingo por la mañana, y luego anunciaste que estarías hablando la noche siguiente en este lugar, pero eran dos dólares. Bueno, yo tenía cincuenta y cuatro dólares. Tenía una esposa y un niño pequeño; no podíamos dejar al niño solo, él era un bebé: significaba una niñera. Mi esposa y yo vinimos a todo lo que diste, pero una noche no pudimos pagarle a la niñera; simplemente no teníamos. Así, tomamos todos nuestros últimos cincuenta y cuatro dólares y acudimos a cada reunión, los dos, pero una noche no teníamos para pagarle a la niñera. Tres años después, Neville, aún no había probado tu teoría. Tú sabes mi problema como te dije antes".

Tal vez haya alguien aquí que no haya escuchado su historia: el hombre es un negro y su problema era que, como era negro, todas las marcas y rayas del mundo estaban en contra de él. Yo intenté convencerlo de que sólo estaba en su propia mente, que esas rayas fueron colocadas. Su aceptación de eso como restricción, lo hizo una restricción, pero si él sólo pudiera dejarlo caer por no-aceptación, por completa indiferencia al pigmento de la piel, él podría lograr cada uno de sus sueños, aceptándolo ahora.

Bueno, el año pasado, Jimmie Fuller, por su completa aceptación, invirtiendo su momento, su ahora, ha convertido el año en un beneficio neto de doscientos cincuenta mil dólares. Él no tenía un centavo cuando comenzó; no puso un gran capital, él no lo tenía. Él sólo invirtió la moneda de Dios. Dios se lo dio y él le dio el momento, que es el tiempo. Así que, en lugar de gastar su pensamiento, el cual todos tienen, y gastar su tiempo, que todos tienen – él no tenía dinero, pero sabía que el pensamiento era dinero- así que invirtió su pensamiento en el ahora, sabiendo que no iba a retroceder ni desvanecerse de la vista, eso era una inversión, avanzaría hacia su futuro.

Bueno, lo hizo. Avanzo tanto, que ahora me dice que todo lo que toca se convierte en oro. Ahora tiene tres niños; vienen aquí todos los domingos a la escuela dominical: él no quiere que sus hijos comiencen con sus rayas, entonces él quiere que ellos sientan lo que da esta Iglesia, así que vienen todos los domingos. Jimmie me dice que muchos domingos tiene ganas de irse a la playa o subir las montañas con su esposa, pero él no va porque quiere sus niños tengan una oportunidad que él no tuvo. Él dice: "Mi gente era muy religiosa, pero deben haber adorado a un Dios muy pobre, porque estaban sumidos en la pobreza. Así que simplemente no me acercaba a las iglesias de mi madre y mis hermanos y estas personas, porque no podía concebir que Dios nos hiciera eso; sin embargo, ellos nunca faltaron al servicio. Pero cuando encontré esto que encontré aquí en esta Iglesia de Ciencia de la Mente, traje a mis hijos a la escuela dominical. Ahora esto es lo que les pasó. Aquí Dios es amor, y el amor los rodea y no conocen nada más que amor, que Dios es amor. Un día mi hijita, que es la menor de los tres, estaba bastante enferma, tenía un resfrío brutal, y esa noche cuando los niños pequeños dijeron sus oraciones, estas son las palabras que usaron: 'Gracias Dios, esta hermana está muy bien mañana. Ellos no pudieron mirar a la niña, enferma como estaba, y decir: 'Gracias Dios, esta hermana está muy bien ahora', pero dijeron: Gracias Dios, esta hermana está muy bien mañana'. Neville, fue un milagro. Al día siguiente la niña estaba muy bien; no había señal de resfriado – una ausencia total de todo lo que vimos la noche anterior y estos dos hermanitos simplemente dieron gracias".

"Ahora, mi hijo quería un reloj. Yo no le iba a dar el reloj. Podría haberle comprado mil relojes, pero yo quería que mi pequeño hijo aprendiera una Ley que yo no conocía hasta hace poco. Así que llenó su mente con la posesión de un reloj. Él habló del reloj como un reloj 'vivo', uno que hace tictac, uno que está vivo, no un reloj de juguete. Entonces, él llenó su mente con la posesión del reloj. En su camino a la escuela, él encontró un reloj 'vivo'. Ahora él conoce el funcionamiento de la ley: que la completa aceptación del estado de conciencia, debe dar lugar a una externalización del estado aceptado. Entonces, si él acepta el reloj, no necesita recurrir a su padre terrenal como el medio a través del cual vendrá el reloj. No quiero pensar ni por un segundo, que tiene que señalar a su madre o su padre como los únicos canales a través de los cuales llegará su bien. Quiero que reconozca a un Padre Infinito – el Padre de todos nosotros – que le da a él, como me da a mí, todo lo que yo acepto. Quiero que mis hijos lo aprendan como yo lo he aprendido. Sí, yo podría bañarlos con regalos, pero luego me verían como el único canal a través del cual llegará, eso no puedo aceptarlo. Así que deberías ver a los pequeños niños y niñas realmente viviendo de acuerdo a esta ley. Dios para ellos es el amor y la única realidad, y el amor los rodea. Así que nunca se pierden la Escuela Dominical aquí".

Luego él continúa contándome todas las otras cosas maravillosas que han sucedido por la simple aceptación de esta ley. Él dijo. "El obtener mi auto – este Cadillac convertible- lo traté relajadamente, me senté en silencio en mi sala de estar y conduje mi Cadillac, y simplemente traté esto de manera relajada", dijo, "No me esforcé mucho, yo lo acepté y luego, cuando decidí obtenerlo, simplemente hice tres llamadas telefónicas y ese día estaba conduciendo este automóvil, Neville. Ahora todo sucede así. Hoy, en lugar de ir a mi oficina y trabajar en la oficina, trabajo detrás de escena. Me siento todo el día y escucho de mis empleados el reporte, que es bueno; todo el personal de la oficina debe darme buenas noticias, lo único que me permitiré escuchar. Yo conduzco mi automóvil, estoy en la oficina; estoy en casa, estoy en la oficina, pero sólo escuchando buenas noticias y rara vez voy a la oficina físicamente para hacer trabajo de oficina, por lo que estoy detrás de escena sólo escuchando buenas noticias. Así que me he olvidado completamente del llamado pigmento de la piel y, honestamente Neville, puedo decirte que hoy siento que soy bendecido más allá de todos los hombres porque nací negro. Estoy muy orgulloso de ser un negro; estoy muy orgulloso de ser uno".

Y aquí hay una historia que les interesará a todos ustedes; él dijo: 'Yo tenía algunas propiedades de las que disponer, tenía ciertas cosas en inversiones para aquellos que tenían dinero, así que lo anuncié y un hombre me llamó. Él dijo que vio el anuncio, y me preguntó si yo era el caballero, así que le dije que yo era quien tenía la propiedad. Lo primero que dijo fue: 'No quiero ninguna propiedad de negros'. Entonces, Jimmie dijo: 'Yo no respondí, como si ni siquiera hubiera escuchado la palabra. Si él quiere ser prejuicioso, puede ser prejuicioso, es su derecho. Él quiere ser tonto al respecto, es su derecho. Él puede gastar, no necesita invertir. Entonces dije: 'Está perfectamente bien, señor, tengo todo tipo de propiedades, tengo todo tipo de cosas para su inversión'. Una semana después, me llamó y me dijo: 'Podrías venir a verme?' – Él me dijo- "Fui a verlo. Cuando salí de mi auto, sus rodillas casi se doblaron, porque no sabía que un negro iría a verlo, y un negro subía por sus escaleras hasta su sala de estar. Él dijo que en cuestión de minutos compró el valor de treinta y siete mil dólares en la mina que tenía para ofrecer. Dijo que los primeros veinticinco mil dólares que compró, simplemente lo hizo para volver a comprar su cara, y luego los doce mil dólares restantes lo compró porque era una muy buena inversión. Bueno, desde entonces este caballero ha gastado decenas de miles de dólares conmigo y contantemente me llama para agradecerme porque son inversiones grandiosas".

Ahora aquí hay un hombre que está orgulloso de su piel, él no tiene prejuicios porque eso es gastar su tiempo, él no puede darse el lujo de gastar. Entonces, en armonía con la revelación dada a mi esposa, dejemos de gastar nuestros pensamientos, nuestro tiempo y nuestro dinero. Porque todo en nuestra vida debe ser una inversión. Conocemos la verdad. Esta plataforma irradia la verdad. Te dice que todo procede de tu propia conciencia, pero lo que tú y sólo tú aceptas como verdad, se exteriorizará y se moldeará en tu entorno. Todas las condiciones que encontrarás simplemente darán testimonio del estado que has aceptado. Bueno, si no te gusta lo que estás encontrando, entonces deja de gastar y aprende el arte de la inversión, porque cada momento del tiempo es una oportunidad para invertir, no para gastar. Sin embargo, tú y yo somos libres, somos libres de desperdiciar cada moneda en el mundo. Por eso tenemos un derecho, somos seres libres, podemos gastar, no necesitamos invertir, pero si sabes que puedes invertir, ¿por qué no elegir la forma más sabia?

En el capítulo treinta del libro de Deuteronomio, se nos dice: "El mandamiento que yo te ordeno hoy, no es demasiado difícil para ti, ni está lejos. Está cerca de ti, está en tu boca y en tu corazón. Yo he puesto delante de ti hoy la vida y el bien, la muerte y el mal, bendiciones y maldiciones. Elige pues la vida, elige la bendición". Pero la elección es nuestra porque somos libres. Él nos presenta en este día, en este preciso momento, un mandamiento. Él pone todo ante nosotros; no está lejos, está en nuestra lengua ahora mismo. Y ante mí ahora hay una bendición o una maldición. Yo puedo aceptar el hecho de que no te gusto; no importa, puede que me ames; pero si acepto el hecho de que no te gusto, no te gusta la enseñanza, estoy gastando mi tiempo. Mañana me probarás que he gastado mi tiempo por tu comportamiento relativo a mí. Por otro lado, si acepto el hecho de que te gusta, porque la estás probando, entonces no tendría ninguna duda en mi mente, de que no podrías hacer otra cosa que contribuir a esta enseñanza. Así que depende de mí bendecirme o maldecirme.

Yo puedo elegir la vida o puedo elegir la muerte. Puedo elegir el bien, pero yo soy libre, puedo elegir el mal. Depende completamente de mí. Si a ti y a mí nos gusta esto, lo aceptamos y lo creemos, entonces en realidad somos sabios; sabiendo que todo está ante nosotros, ahora salimos decididos a convertirnos en inversionistas, no gastadores, no desperdiciando ni malgastando nuestra sustancia, sino poniéndola con un propósito. Cada momento hazte consciente del momento, ¿qué estás haciendo? Ahora estoy aceptando el hecho de que soy un ser noble, digno, maravilloso, que mi padre está orgulloso del hijo que es como él, así que no escucharé, ni aceptaré como verdadero nada que no sea lo que contribuye a ese concepto noble que sostendré de mí mismo. Porque veré que yo estoy seguro, y tal vez un titular puede asustar al mundo, pero yo no lo aceptaré, porque si no lo admito, no puede salir de mí. Porque todas las cosas, cuando son admitidas se manifiestan, a menos que no sean admitidas.

Entonces, si ahora yo admito que utilizo este momento como mi momento para invertir, si yo soy aquello que la razón niega, que mis sentidos niegan, y procedo en ese supuesto, sabiendo que a pesar de que no se confirme esta noche ni mañana, aun así, seguiré viviendo en la asunción de que yo soy lo que quiero ser, y todo el día armonizaré y escucharé sólo el buen reporte, sé que estas son inversiones y mañana estos cheques de dividendos tienen que venir, ellos deben venir.

Esa es la ley de nuestro ser. Así que todos aquí, tómenlo en serio, no se necesita dinero; por eso les digo a los cientos de ustedes que me dicen en privado: "Él debe haber tenido dinero", les digo que ahora conozco la historia. Yo no lo sabía cuándo firmemente me dijeron que él tenía dinero, pero ahora yo lo tengo de la fuente. Él sólo tenía cincuenta y cuatro dólares, los que gastó viviendo a mis reuniones, incluso cuando no podía gastar un dólar en una niñera, así que te digo que él no tenía; él tiene hoy. Pero tú no necesitas ni siquiera cincuenta y cuatro dólares. Todo lo que necesitas es tiempo y lo tienes, es ahora. Todo lo que necesitas es el pensamiento, eso es dinero. Así que en lugar de gastar ese ahora, y gastar el pensamiento en el ahora, inviértelo ahora, para tu ahora, este preciso momento, mientras estoy parado aquí. Dentro de un rato bajaré de la plataforma y pensarás, bueno, ahora se ha ido, él volverá el próximo año – esto no se ha ido. Lo que estoy haciendo ahora, no va a desaparecer; va a avanzar y encarnarse como una condición, encarnarse como la circunstancia de mi vida. De modo que mis ahora, mis reacciones a lo que estoy escuchando, diciendo y viendo, todas mis reacciones están en el ahora y mis reacciones están deletreando mi mañana.

Así que lo repetiré, a través de la puerta del ahora – porque él dijo: 'Yo Soy la puerta', Yo Soy es siempre primera persona presente. No, Yo era la puerta, o Yo seré la puerta; 'Yo Soy la puerta'; 'Yo Soy la Resurrección'; por lo tanto, lo que hago en el presente, ahora, no se va a desvanecer, va a avanzar hacia mi futuro, porque a través de la puerta del presente, del ahora, debe pasar todo el tiempo. No lo gastes mientras pasa; inviértelo mientras pasa por la puerta del ahora. Cada momento de tu vida, míralo como un momento positivo, constructivo, noble. Te prometo un futuro maravilloso, saludable y radiante si inviertes el ahora.

Bueno, siendo esta es mi última charla por algún tiempo, me gustaría aprovechar mientras tengo esta oportunidad, porque el teatro Ebell, no puede tomarlos a todos. Aunque espero que muchos de ustedes vengan la próxima semana y hagan una semana realmente maravillosa, fructífera; pero sé que no todos pueden entrar en el Ebell; así que aquí, una señora cuando entré por la puerta me dijo: "Neville, lo dejaste muy claro el viernes por la noche; algo que no había visto antes, porque nos dijiste este año que trajiste una maravillosa revelación y esa es, la gran diferencia entre pensar desde el final y pensar en el final. Porque enfatizaste eso una y otra vez, desde que estuviste aquí esta vez, pero no lo entendí sino hasta el viernes" – Yo le dije: Bueno, ¿cómo lo conseguiste? – Ella respondió: "Tu ilustración del balcón y el escenario". Bueno, ahora tenemos la misma situación aquí. Tenemos un balcón, también tenemos un escenario. Entonces, si ella aun habiéndolo escuchado tan a menudo no lo entendía, es probable que muchos de ustedes tampoco lo hayan entendido. Ahora ella lo entendió por mi ilustración, así que la repetiré para que todos puedan entenderlo. Yo dije que cuando un hombre aprende el arte de pensar desde el final, ese hombre es dueño de su destino, porque define su final; él formula un objetivo en la vida y luego se siente a sí mismo en la situación de ese final. Así que piensa desde ello, en lugar de pensar en ello. El hombre promedio define sus sueños, pero él permanece de nuevo aquí mirándolos, en lugar de pensar de ellos. El hombre sabio ocupa el estado de sus sueños, entonces él irradia de ello, piensa desde eso.

Y luego, para usar esta pequeña ilustración. Yo estoy parado aquí mirando al auditorio y describiría este teatro desde este ángulo, porque lo estoy viendo desde el escenario. Tú, sentado en el auditorio o sentado en el balcón, lo estás mirando desde ese estado, por lo tanto, verías la pantalla y al orador. Así que la diferencia entre nosotros es que vemos el mismo teatro desde diferentes ángulos. Yo lo definiría desde aquí; tú lo definirías desde allí. Si quisiera tener tu punto de vista, mientras estoy aquí, yo asumo que estoy sentado donde tú estás y, por lo tanto, dentro de mi imaginación, miro desde esa posición. Entonces tendría que ver el escenario, no el auditorio; vería la cosa que está detrás de mí, este ciclorama, y describiría el teatro desde esa posición que asumo que yo estoy. Ahora, si esa posición representa, digamos una de seguridad y esta una de inseguridad, entonces asumiría – estando físicamente aquí – que ahora estoy seguro. Y para demostrar que lo estoy, miraría desde el estado de seguridad, por lo que describiría el mundo en relación con mi asunción. Si todavía estoy viendo lo que veía cuando estaba inseguro, no he logrado ocupar ese final deseado; todavía estoy solamente pensando en el. La gran diferencia entre pensar desde y pensar en, debe ser vista claramente y luego ver la sabiduría de aprender el arte de pensar desde un final deseado.

Entonces, mira tu mundo, formula tus adorables objetivos en la vida y pregúntate a ti mismo: ¿Cómo sería si fuera cierto que ahora encarno ese estado? ¿Cómo me sentiría? Y en respuesta a esa pregunta vendrá un sentimiento, un sentimiento que corresponde a ese final. Aprende entonces a pensar desde ese final, aunque la razón lo niegue, aunque todo lo niegue, tú ocupa ese final. Es ahora, tú estás invirtiendo y esto se volverá real dentro de tu mundo.

Ahora, otro pensamiento que intenté aclarar -y esto es lo que además me dijo Jimmie Fuller fue una de las claves de su éxito. Cuando la acción del hombre interno corresponde a la acción que el hombre externo debe tomar para calmar su deseo, definitivamente realizará su deseo. Hay dos de nosotros; hay un hombre interno y un hombre externo. El hombre externo está dispuesto siempre a decir: "Yo por mi mismo no puedo hacer nada; el Padre dentro de mí – el interno – él hace las obras. Lo que le veo hacer a él – yo, el externo – también hago". Así que hay un 'tú interno'. Si yo ahora me sentara aquí e inmovilizara mi cuerpo, relajándolo y luego imaginando lo que tendría que hacer el hombre externo para aplacar su deseo, relajado, sólo déjame imaginar que realmente lo estoy haciendo ahora – así que mantengo el cuerpo inmovilizado, pero me imagino que en realidad lo estoy experimentando ahora- yo experimentaría en mi imaginación aquello que tendría que experimentar en la carne para aplacar el deseo, y luego imagino ese estado una y otra y otra vez, de modo que las acciones del hombre interno se correspondan con las acciones que el hombre externo debe tomar para realizar el deseo. Cuando se hace eso, te prometo que será hecho en la carne; ningún poder en el mundo podría detenerlo cuando estas dos acciones coinciden, pero deja que sea siempre desde tu ser interno.

Y ahora al final del silencio esto es lo que hacemos, sabiendo que cada vez que ejercitamos nuestra imaginación amorosamente en nombre de otro, en realidad y literalmente somo mediadores de Dios y el hombre. Así que podemos sentarnos tranquilamente en la oscuridad y simplemente escuchar como si hubiéramos escuchado el buen reporte que queremos escuchar. Miramos en la oscuridad e imaginamos que estamos viendo lo que queremos ver. Esto entonces es invertir estos dos minutos; hemos tomado los momentos que van a componer dos minutos y realmente los estamos invirtiendo ahora. Así que cuando tome la silla y se bajen las luces, veamos y escuchemos como si estuviéramos viendo y escuchando lo que queremos ver y escuchar. Y en realidad estamos cumpliendo el mandato de esa maravillosa voz que habló a mi esposa cuando le dijo: 'Debes dejar de gastar tu tiempo, tus pensamientos y tu dinero. Porque todo en la vida debe ser una inversión'. Deja que estos dos minutos sean tu mayor inversión.

Ahora, vayamos al silencio.

GUÍA PRÁCTICA

-

EJERCICIOS PRÁCTICOS

1. Diario de Inversiones Mentales: Cada noche, dedica unos minutos a escribir sobre los pensamientos y emociones que "invertiste" durante el día. Reflexiona sobre cuáles de ellos te acercaron a tus metas y cuáles podrías cambiar para invertir de manera más efectiva.

2. Práctica de Pensamiento Constructivo: Antes de dormir, elige un pensamiento o deseo positivo que te gustaría manifestar. Concéntrate en ese pensamiento hasta que sientas que es real, imaginando que se manifiesta en tu vida. Repítelo diariamente como una inversión en tu futuro.

3. Revisión y Reenfoque de Pensamientos Diarios: Al final de cada día, identifica momentos en los que "gastaste" pensamientos en preocupaciones o temores. Redirige esos momentos con visualizaciones de escenarios que te acerquen a tus objetivos, transformando los pensamientos gastados en pensamientos invertidos.

-

REFLEXIONES GUIADAS

1. Valoración del Tiempo Mental: ¿Qué tan consciente eres de tus pensamientos durante el día? Reflexiona sobre cuánto tiempo dedicas a pensamientos constructivos y cómo puedes aumentar tus "inversiones" en pensamientos que te aporten beneficios futuros.

2. Transformación de Ideas Limitantes: ¿Qué pensamientos o creencias tienes que podrían estar limitando tus logros? Reflexiona sobre cómo podrías invertir estos pensamientos de manera que respalden tus metas.

3. Percepción de la Inversión Personal: ¿Cómo valoras tu propio tiempo y energía? Reflexiona sobre la importancia de invertir en tu bienestar y desarrollo, en lugar de "gastar" tus pensamientos en preocupaciones y distracciones.

-

CONCEPTOS DE PSICOLOGÍA POSITIVA

1. Resiliencia y Esperanza: Al elegir pensamientos positivos y constructivos, desarrollas resiliencia y esperanza, dos habilidades clave en la psicología positiva. Estas cualidades te ayudan a mantener la fe en tus objetivos y a superar desafíos con una visión optimista.

2. Atención Plena (Mindfulness): La práctica de invertir cada momento en pensamientos beneficiosos fortalece la atención plena, lo que permite vivir con mayor conciencia y aprovechar cada instante para construir un futuro deseado.

3. Autoeficacia: Invertir pensamientos en logros y estados deseados refuerza la autoeficacia, es decir, la creencia en tu capacidad para alcanzar tus metas. Esta práctica impulsa el compromiso y la acción hacia el éxito.

-

CITAS DE TEXTOS ESPIRITUALES

1. Deuteronomio 30:19: "He puesto delante de ti la vida y la muerte, la bendición y la maldición. Escoge la vida para que vivas." Esta cita refuerza el mensaje de Neville sobre la libertad de elegir pensamientos constructivos o destructivos, invitando a invertir en aquellos que traen vida y prosperidad.

2. Filipenses 4:8: "Todo lo que es verdadero, todo lo honesto... en esto pensad." Este versículo apoya la idea de Neville de seleccionar pensamientos como inversiones valiosas, enfocándose en lo positivo y constructivo.

3. Proverbios 23:7: "Porque cual es su pensamiento en su corazón, tal es él." Este versículo resalta la importancia de invertir pensamientos en aquello que deseamos ser, ya que nuestros pensamientos forman la realidad que vivimos.

-

PERSPECTIVAS DE AUTORES RELACIONADOS

1. Napoleon Hill: En "Piense y hágase rico," Hill habla de la importancia de invertir pensamientos en metas claras, sugiriendo que el enfoque constante en un objetivo genera las condiciones para su realización, similar al mensaje de Neville sobre la inversión mental.

2. Joseph Murphy: Murphy, en "El poder de tu mente subconsciente," resalta cómo los pensamientos constantes y positivos crean una vida alineada con nuestros deseos, reforzando la enseñanza de Neville de transformar cada pensamiento en una inversión.

3. Wayne Dyer: Dyer enseña que al invertir la energía en pensamientos positivos, evitamos el desperdicio en preocupaciones y nos alineamos con el flujo creativo del universo, en sintonía con el concepto de Neville de la inversión consciente.

Estas sugerencias enfatizan la idea central de Neville de que cada pensamiento es una inversión en el futuro. Practicar la inversión consciente permite construir una realidad alineada con nuestras metas y deseos más profundos.

IMAGINACIÓN DESPIERTA

Neville Goddard
(1954)

Como han oído, el asunto de esta mañana es "Imaginación despierta". Este es mi tema para la serie entera de diecinueve conferencias. Todo está encaminado hacia el despertar de la imaginación. La palabra en sí misma está hecha para servir a todo tipo de ideas, muchas de ellas directamente opuestas a otras. Pero aquí esta mañana yo espero convencerte de que este es el poder redentor del hombre. Este es el poder del que se habla en la Biblia como el Segundo Hombre, "el Señor del Cielo".

Este es el mismo poder personificado para nosotros como un hombre llamado Cristo Jesús.

En el antiguo testamento fue llamado Jacob y hay innumerables nombres en la Biblia que todos llevan y culminan en la gran flor llamada Cristo Jesús.

Puede sorprenderte identificar la figura central de los Evangelios como la imaginación humana, pero estoy bastante seguro antes de que la serie termine, de que te convencerás de que esto es lo que los antiguos intentaron que nosotros supiéramos, pero el hombre ha leído mal los Evangelios, como historia y biografía y cosmología, y así se ha quedado completamente dormido en cuanto al poder dentro de sí mismo.

Ahora esta mañana te he traído los medios por los que este enorme poder en nosotros puede despertarse. Yo lo llamo el arte de la revisión: tomo mi día y lo reviso en mi ojo mental. Empiezo con el primer incidente de la mañana. Recorro el día; cuando llego a alguna escena en mi día desplegado que me desagradó, o si no me desagradó, si no fue tan perfecta como pensaba que podía haber sido, me detengo justo ahí y la reviso. La re-escribo, y después que la he re-escrito de modo que se conforma al ideal que deseaba haber experimentado, entonces la experimento en mi imaginación como si la hubiera experimentado en la carne. Lo hago una y otra vez hasta que toma un tono de realidad, y la experiencia me convence de que ese momento que he revisado y revivido no se desvanecerá en mi pasado. Avanzará en mi futuro para encontrármelo como yo lo he revisado. Si yo no los reviso, esos momentos, porque nunca se desvanecen y siempre avanzan, avanzarán para encontrármelos perpetuando ese extraño incidente desagradable. Pero si rehúso permitir al sol descender sobre mi ira, de modo que al final del día yo nunca acepto como definitivos los hechos del día, no importa lo objetivos que sean, nunca los acepto y revisándolos revoco el día y provoco los cambios correspondientes en mi mundo externo.

Ahora, no sólo este arte de la revisión cumplirá cada objetivo mío, sino que a medida que empiezo a revisar el día cumple su gran propósito, y su gran propósito es despertar en mí al ser que los hombres llaman Cristo Jesús, que yo llamo mi maravillosa imaginación humana, y cuando despierta es el ojo de Dios y se vuelve hacia dentro al mundo del pensamiento y ahí yo veo que lo que antes yo creía que existía en el exterior realmente existe dentro de mí. No importa lo que sea, yo entonces descubro que el conjunto de la Creación está enraizado en mí y termina en mí, como yo estoy enraizado y termino en Dios. Y desde ese momento yo encuentro mi propósito real en la vida, y mi propósito real es simplemente hacer la voluntad de Aquel que me envió, y la voluntad de Aquel que me envió es ésta – que de todo lo que Él me ha dado no pierda nada sino que lo levante de nuevo.

¿Y qué me dio Él? Él me dio cada experiencia de mi vida. Él me dio a tí. Cada hombre, mujer y niño que encuentro es un regalo para mí de mi Padre, pero cayeron en mí a causa de mi actitud hacia la sociedad, a causa de mi actitud hacia mí mismo. Cuando empiezo a despertar y el ojo se abre y veo que todo soy yo mismo hecho visible, entonces debo cumplir mi verdadero propósito, que es la voluntad de Aquel que me envió, y la Voluntad es subir a aquellos que yo permití en mi ignorancia cuando estaba dormido descender dentro de mí. Entonces empieza el verdadero arte de la revisión; ser el hombre, independientemente de tus impresiones de ese hombre, independientemente de los hechos del caso que te están saltando todos a la vista, es tu deber, cuando te has despertado, levantarle dentro de tí y descubrirás que él no fue nunca la causa de tu disgusto. Cuando lo miras a él y estás disgustado, mira dentro y descubrirás la fuente del disgusto. No se originó allí.

Ahora dejadme daros un caso histórico para ilustrar este punto. Yo sé que algunos de vosotros fuisteis al banquete y quizás algunos de vosotros me oyeron el jueves pasado en TV, pero dudo de que en esa audiencia de, digamos dos mil trescientos o dos mil cuatrocientos de nosotros, de los que, digamos más de ciento cincuenta lo oyeron, e incluso si lo oyeron pueden oírlo una y otra vez pues es esto, que si lo oyes te provocará actuar sobre ello porque como os dije, y creo que lo hice el domingo pasado, pero si no lo hice dejadme decíroslo ahora; si vosotros asistís a las diecinueve y os saturáis con todo lo que tengo que deciros, de modo que tuvierais todo el conocimiento que se requiere para lograr vuestros objetivos, y no aplicarais lo que recibisteis, no valdría de nada; pero un poco de conocimiento que llevéis a la práctica, descubriréis que es más aprovechable que mucho conocimiento que descuidáis llevar a la práctica. De modo que repitiendo este caso histórico esta mañana, aunque digamos cien o doscientos de vosotros lo hayan oído, os ayudará a recordar que debéis hacer algo sobre ello.

El pasado Mayo en la ciudad de Nueva York había una señora sentada que había estado viniendo durante años y yo hice una pequeña observación de que la gente debe convertirse en hacedores de la palabra, y no sólo en meros oidores. Pues si un hombre sólo la oye y nunca aplica lo que oye, nunca probará o descartará realmente lo que ha oído; y entonces conté la historia de una señora que me había oído sólo tres o cuatro veces y cómo ella transformó la vida de otro, y esta señora oyendo que una que vino sólo tres veces y este milagro tuvo lugar en su vida, se fue a casa determinada a que ella realmente aplicaría lo que había oído a lo largo de los años, y esto es lo que hizo.

Dos años antes, después de una violenta pelea, fue echada de casa de su hijo por su nuera. Su hijo dijo "Madre, no necesitas pruebas mías de que yo te quiero: eso es obvio; pienso que he demostrado eso cada día de mi vida, pero si esa es la decisión de Mary, y yo lo lamento, debe ser mi decisión, pues yo quiero a Mary y vivimos en la misma casa y es nuestra casa; es nuestra pequeña familia y me apena que ella sienta de este modo sobre ello, pero tú sabes que esas pequeñas cosas culminan en una explosión como tuvo lugar hoy. Si esa es su decisión, es la mía". Eso fue hace dos años. Ella se fue a casa y se dio cuenta de que noche tras noche durante más de dos años ella había permitido al sol descender sobre su ira. Pensó en esta maravillosa familia que ella amaba y de la que se sentía apartada, expulsada de la casa de su hijo. Ella no hizo nada sobre revisarlo y sin embargo yo había estado hablando de la revisión a mi audiencia de Nueva York el año pasado.

Esto es lo que ella hizo ahora. Sabía que el correo de la mañana no traía nada. Eso era un viernes por la noche. No había habido correspondencia en dos años. Ella había mandado a su nieto al menos una docena de regalos en los dos años. Ninguno fue nunca reconocido. Sabía que habían sido recibidos pues había certificado muchos de ellos; así que se sentó esa noche y se escribió ella misma dos cartas – una de su nuera, expresando una gran amabilidad por ella, diciendo que la había echado de menos en la casa y preguntándole cuándo iba a venir a verla; luego escribió una de su nieto, en la cual él decía, "Abuela, te quiero". Luego venía una pequeña expresión de gracias por el último regalo de cumpleaños, que fue en abril, y luego venía un sentimiento de tristeza más bien porque él no la había visto y le rogaba venir y verlo pronto.

Esas dos notas cortas las memorizó y luego, mientras estaba a punto de dormirse, tomó sus manos imaginarias y sostuvo esas cartas y las leyó mentalmente para sí misma hasta que despertaron en ella la sensación de alegría porque había sabido de su familia; lo que ella había querido una vez más. Leyó esas cartas una y otra vez sintiendo su alegría porque las había recibido y cayó dormida en su proyecto. Durante siete noches esta señora leyó esas dos cartas. A la mañana del octavo día ella recibió la carta: en el interior había dos cartas – una de su nieto y una de su nuera. Esas cartas eran idénticas a las que ella se había escrito mentalmente a sí misma siete días antes. ¿Dónde estaba el alejamiento? ¿Dónde estaba el conflicto? ¿Dónde estaba la fuente del disgusto que fue como una herida sangrante durante dos años? Cuando el ojo del hombre se abre él realiza todo lo que contempla; aunque parece fuera, está dentro – dentro de la propia imaginación de uno, de la cual este mundo mortal no es sino una sombra.

Ella me dio permiso para contar esta historia. Cuando la conté y llegamos al periodo de preguntas y respuestas hubo una extraña reacción de esa gente. Se preguntaban qué vida de alegría podría mantener cualquiera de nosotros si teníamos que escribir nuestras propias cartas; si teníamos que hacer para nosotros mismos todo lo que aparentemente se hace con alegría, lo que aparentemente es espontáneo viniendo de otro; pero no quiero escribir yo mismo una carta de amor de mi esposa, o mi enamorado o mi amigo. Yo quiero que alguien sienta de este modo hacia mí y me lo exprese sin yo saberlo para poder recibir una sorpresa en la vida.

Bueno, no estoy negando que el hombre dormido cree firmemente que esa es la forma en que las cosas suceden. Cuando un hombre despierta se da cuenta de que todo lo que encuentra es una parte de sí mismo, y que lo que él ahora no comprende, él sabe, porque el ojo se ha abierto, que está relacionado por afinidad con alguna aún no realizada fuerza en su propio ser; que él lo escribió pero lo ha olvidado, que se abofeteó la cara pero lo ha olvidado; que dentro de sí comenzó todo el drama desplegado, y mira a un mundo, y le parece extraño, porque la mayoría de nosotros en nuestro sueño somos totalmente inconscientes de lo que estamos haciendo desde nuestro interior.

Lo que esa señora hizo, cada hombre y mujer en esta audiencia hoy puede hacerlo. No te llevará años comprobarlo; lo que te digo ahora puede sorprenderte, puede parecer que bordea la locura pues el loco cree en la realidad de los estados subjetivos, y el cuerdo sólo cree en lo que los sentidos le permitan, lo que ellos le dicten, y yo voy a decirte que cuando tu comienzas a despertar afirmas la supremacía de la imaginación y pones todas las cosas en dependencia de ello. Tú nunca más te inclinas ante los dictados de los hechos ni aceptas la vida sobre la base del mundo externo.

Para tí la Verdad no está confinada a los hechos sino a la intensidad de tu imaginación. Así que aquí encontramos la encarnación de la Verdad, la cual yo digo que es la imaginación humana, de pie en el drama del mundo ante la encarnación de la razón personificada por Poncio Pilato. Y a él le es dada la autoridad para cuestionar la verdad y ellos le preguntan, "¿Qué es la verdad?" Y la verdad permanece en silencio. Él rehúsa justificar ninguna acción suya; él rehúsa justificar nada de lo que le fue hecho a él, pues sabe que ningún hombre viene a mí salvo que yo lo llame: ningún hombre me quita la vida, la entrego yo mismo.

Tú no me elegiste, yo te he elegido a tí. Pues aquí está la Verdad no viendo nada de aquí en adelante con pura objetividad, sino viéndolo todo subjetivamente relacionado consigo mismo y él la fuente de todas las acciones que tienen lugar dentro de su mundo; así la Verdad permanece absolutamente en silencio y no dice nada cuando la razón le cuestiona respecto a la verdadera definición de la Verdad. Porque cuando el ojo se abre sabe que lo que es una idea para el hombre dormido es un hecho para la imaginación despierta, un hecho objetivo, no una idea. Yo albergo la idea de un amigo y construyo algún maravilloso concepto de él en mi ojo mental y cuando duermo parece ser un deseo, parece ser el anhelo de mi corazón, pero puramente subjetivo, sólo una idea. Y el ojo en mi interior se abre, y él está ante mí encarnando la cualidad que yo deseé en mi sueño verle expresar. Así que lo que es una idea para el hombre dormido, la imaginación no despierta, es una realidad objetiva para la imaginación despierta.

Ahora, este ejercicio reclama, yo diría, el uso voluntario activo de la imaginación en contra de la aceptación involuntaria pasiva de las apariencias. No aceptamos nunca como verdad y como definitivo nada a menos que se conforme al ideal que deseamos encarnar dentro de nuestro mundo, y hacemos exactamente lo que la abuela hizo. Pero ahora nosotros lo iniciamos y lo hacemos diariamente. Puedes tener resultados mañana, pueden llegar al día siguiente, pueden llegar en una semana, pero te aseguro que llegarán.

No necesitas ningún extraño laboratorio, como nuestros científicos, para comprobar o refutar esta teoría. Aquí en 1905 un joven sorprendió al mundo científico con su ecuación que nadie pudo siquiera examinar. Se decía que no vivían ni seis personas que entendieran su ecuación. Pasaron 14 años antes de que Lord Rutherford diseñara los medios para probar la ecuación y descubrió que era cierta, no al 100%, porque él no tenía los medios en su mano para someterla a un completo examen. Pasaron otros 14 años antes de que se pudieran hacer más exámenes. Y tú conoces los resultados de esa ecuación que Einstein nos dio en 1905. Pues el hombre de hoy, no conociendo el poder de su propia imaginación, se queda sorprendido de los resultados de esa liberación de energía. Pero él fue quien dijo, y yo lo puse en la primera página de mi nuevo libro: "La imaginación es más importante que el conocimiento".

Ese fue Albert Einstein. La imaginación es más importante que el conocimiento. Pues si el hombre acepta como definitivos los hechos que la evidencia atestigua, nunca ejercerá este medio de redención dado por Dios que es su imaginación.

Ahora voy a pediros examinar esto: no te tomará las tres semanas que estoy aquí comprobarlo o refutarlo, pero el conocimiento de ello no puede comprobarse, sólo la aplicación de ese conocimiento puede comprobarlo o refutarlo. Yo sé por experiencia que no puedes refutarlo. Toma un objetivo, toma un trabajo, toma alguna conversación con tu jefe, toma un aumento de sueldo. Tú dices bueno, el trabajo no lo permite, o quizás el sindicato no lo permitirá. No me importa qué no lo permite.

Ayer el correo de la mañana me trajo uno, dónde, en San Francisco, este capitán, un piloto, y él me escribe que le vi entre bastidores después de una de mis reuniones, y ahí me dijo, "Pero Neville, tú estás en contra de un muro de piedra. Soy un piloto experimentado; he ido por todo el mundo, por los siete mares; soy un buen piloto y amo el mar; no hay una cosa en este mundo que quiera hacer sino ir al mar, pero ellos me restringen a ciertas aguas a causa de ser muy mayor. No importa qué argumento les de, el sindicato es inflexible y han cerrado el libro sobre mi solicitud". Yo dije, "No me preocupa qué han hecho ellos, tú estás transfiriendo el poder que legítimamente pertenece a Dios, que es tu propia imaginación, a la sombra que tú proyectas sobre la pantalla del espacio".

"Como aquí, estamos en esta habitación; ¿tiene que seguir siendo una habitación? ¿No puedes usar tu imaginación para llamar a esto un puente? Esto es ahora un puente y yo soy un invitado sobre el puente de tu barco, y no estás en aguas restringidas por el sindicato, estás en aguas por las que tú deseas navegar con tu barco. Ahora cierra los ojos y siente el ritmo del océano y siente conmigo y en comunión conmigo y cuéntame de tu alegría primero al comprobar este principio, y segundo por estar en el mar donde tú quieres estar". Él está ahora en Vancouver en un barco bajando un cargamento de madera a Panamá. Él tiene una lista completa que le llevará todo el año lo que este hombre tiene que hacer. Está yendo a aguas legítimamente que el sindicato dijo que él no podía ir. Esto no es prescindir de los sindicatos, sino es no poner a nadie en nuestro lugar – a nadie, reyes, reinas, presidentes, generales, no tomamos a nadie y le entronizamos y le ponemos más allá del poder que legítimamente pertenece a Dios. Así que no violaré la ley, pero cosas se abrirán que yo nunca concebiré.

Me sentaré en silencio y dentro de mí revisaré la imagen. Oiré al mismo hombre que me dijo "No, y eso es definitivo" y le oiré decirme sí, y una puerta se abre. No tengo que ir y tirar de las cuerdas o tirar de los hilos que sean. Llamo a este maravilloso poder dentro de mí, que el hombre ha olvidado completamente porque lo ha personificado y lo ha llamado otro hombre, incluso aunque es una imagen gloriosa de un hombre, pero que no es el hombre: el hombre real no está en ningún otro mundo. Cuando la religión habla, si es una religión verdadera, habla no de otro mundo; habla de otro hombre que está latente pero por nacer en cada hombre, que tiene sintonía con otro mundo de significado, de modo que ese hombre se sentó y sintonizó con otro mundo de significado y trajo a la existencia un poder que él permitió quedarse dormido porque leyó las leyes del hombre demasiado bien. Él aceptó como definitivo el dictado de los hechos, pues le leyeron los reglamentos, le leyeron las leyes del sindicato. Y he aquí que hoy está surcando el océano como él quería hacer. La abuela ya no está excluida de la casa que ella amaba, sino que está en comunión, pero estuvo excluida por ella misma durante dos años. Y él estuvo excluido por él mismo durante más de 18 meses, y ardiendo día tras día permitiendo al sol descender sobre su ira, cuando tenía el poder dentro de sí mismo y la llave para abrir cada puerta en el mundo.

Os digo a todos y a cada uno de vosotros que no os quitaría vuestra comodidad externa, vuestra religión, pues todas esas cosas son como juguetes para el hombre dormido, sino que yo vengo a despertar dentro de vosotros eso que cuando despierta ve un mundo enteramente diferente. Ve un mundo que ningún hombre cuando duerme nunca vería, y entonces empieza a subir dentro de sí mismo a cada ser que Dios le dio; y puedo decirte que Dios te dio cada hombre que anda en la faz de la tierra. Él también dio para este propósito que nada ha de ser descartado. Cada uno en el mundo debe ser redimido y tu vida individual es el proceso por el cual esta redención es llevada a suceder.

Así que no descartamos porque la cosa sea desagradable, la revisamos; revisándola la revocamos, y cuando la revocamos se proyecta en la pantalla del espacio dando testimonio del poder dentro nuestro, que es nuestra maravillosa imaginación humana. Y digo humana intencionadamente – alguien podría haberme dicho la palabra divina. La palabra misma no significa nada para el hombre. Él ha apartado de sí mismo completamente y se ha divorciado de la cosa ante la que ahora se inclina y llama por otros nombres. Yo digo la imaginación humana. Como Blake dijo "Ríos, montañas, ciudades, pueblos son todos humanos". Cuando el ojo se abre tú los ves en tu propio seno, en tu propio maravilloso seno todos ellos existen, están enraizados ahí. No los dejes caer y permanecer caídos; levántalos pues la voluntad de mi Padre es esta, que de todo lo que él me ha dado yo no debería perder nada sino subirlo otra vez, y lo subo cada vez que reviso mi concepto de otro y lo hago conformarse a la imagen ideal que a mí mismo me gustaría expresar en este mundo. Cuando yo hago en él lo que me gustaría que el mundo hiciera en mí, y viera en mí, lo estoy levantando.

¿Y puedo decirte qué le sucede a ese hombre cuando lo hace? Primero de todo, él ya se ha vuelto hacia su interior. Ya no ve el mundo con pura objetividad, sino al mundo entero subjetivamente relacionado consigo mismo, y dependiendo de sí mismo. Cuando lo levanta ¿sabes que él florece dentro de sí mismo? Cuando este ojo mío se abrió al principio contemplé al hombre como el profeta le vio. Le vi como un árbol andando: algunos eran sólo como pequeñas cornamentas de ciervo, otros eran majestuosos en su follaje, y todos los que estaban realmente despiertos estaban en plena floración. Estos son los árboles en el jardín de Dios. Como se nos dijo en el antiguo modo de revisión en el capítulo 61 del Libro de Isaías – "Ve y da belleza por cenizas, ve y da alegría por luto, da el espíritu de alabanza por el espíritu de opresión, que ellos puedan convertirse en árboles de justicia, plantados para la gloria de Dios".

Eso es lo que cada hombre debe hacer, eso es la revisión. Veo ceniza cuando el negocio se ha ido; no puedes redimirlo, no puedes levantarlo, las condiciones son malas y las cosas se han vuelto ceniza. Pon belleza en su lugar; ve clientes, clientes ricos,

ricos en finanzas, ricos en la actitud hacia tí, ricos en todos los sentidos de la palabra. Velos gustándole comprarte a tí si eres dueño de una tienda; si eres trabajador de una fábrica no veas nada dejándote en paro, levántalo, pon belleza en el lugar de la ceniza, pues sería ceniza si fueras despedido con una familia que alimentar. Si alguien está de luto pon alegría en el lugar del luto; si alguien está oprimido de espíritu, pon el espíritu de alabanza en lugar del espíritu de opresión, y cuando haces eso y revisas el día das la vuelta, y dando la vuelta vuelves arriba, y todas las energías que se vinieron abajo cuando estabas profundamente dormido y realmente ciego ahora vuelven arriba y te conviertes en un árbol de justicia, plantado para la gloria de Dios. Pues yo los he visto andando en esta maravillosa tierra, que es realmente el Jardín; nos hemos desconectado por nuestro concepto de nosotros mismos y nos hemos venido abajo.

Como se nos dijo en el Libro de Daniel, fuimos una vez ese glorioso árbol y fue cortado por la misma base, y el que anteriormente cobijaba a las naciones y alimentaba a las naciones y confortaba a los pájaros y daba alivio a los animales del sol del día, del calor del día; y de pronto una voz dijo desde dentro, "Déjalo caído, déjalo que se quede como está, pero no dañes las raíces; lo mojaré con el rocío del cielo y cuando lo moje con el rocío del cielo una vez más crecerá de nuevo, pero esta vez crecerá conscientemente, sabrá qué es y quién es realmente. En su pasado fue majestuoso pero no tenía conocimiento consciente de su majestad, y lo corté" – ese fue el descenso del hombre. Y ahora, surgirá una vez más desde su interior y será un árbol andante, un maravilloso árbol glorioso.

Ahora para aquellos que están profundamente dormidos esto puede pareceros demasiado sorprendente: esto puede ser igual de sorprendente que fue la ecuación de Einstein; eso fue sorprendente también. Pero yo te digo que yo lo he visto y lo veo

– los hombres están destinados a ser árboles en el jardín de Dios. Son plantados sobre la tierra con un propósito y no siempre siguen siendo hombres, se transforman cuando se vuelven hacia dentro y se vuelven hacia arriba. Este es el verdadero significado de la transfiguración. Hay una completa metamorfosis que tiene lugar como la oruga en la mariposa. Tú no sigues siendo lo que pareces ser cuando el hombre está dormido, y no hay imagen más gloriosa en el mundo que ver a este ser humano viviente animado, pues cada rama en su interior está representada por una extensión de sí mismo llamada el otro, y cuando él levanta al otro, esa rama no sólo se vuelve follaje sino que florece y las flores humanas vivientes que florecen en el árbol del hombre que despierta.

Así que éste es mi mensaje para tí este año; te lo daré para agitar a ese ser que duerme en tí, pues el hijo de Dios duerme en el hombre y el único propósito de ser es despertarlo. Así que no es para despertar a este, bueno como parece ser, pero este hombre sensual es sólo una carcasa: es llamado el primer hombre, pero el primero será el último y el último será el primero. Así que el que viene a ser segundo, como Jacob vino segundo del vientre de su madre, toma precedencia sobre su hermano Esaú que vino primero. Esaú fue el semejante a este, él fue hecho de piel y cabello y Jacob fue hecho un muchacho de piel suave, pero el que llegó segundo súbitamente se convierte en el señor de todas las naciones y el que duerme en cada hombre nacido de mujer, y el deber de un maestro o una verdadera religión es despertar a ese hombre, no hablar de otro mundo, no hacer promesas que se cumplan más allá de la tumba, sino decirle que cuando él despierta ya está en el cielo y el reino ha venido ya, hoy, en la tierra. Pues cuando él despierta revisa su día y revoca su día y proyecta una imagen más bella sobre la pantalla del espacio.

GUÍA PRÁCTICA

-

EJERCICIOS PRÁCTICOS

1. Revisión Nocturna de Eventos: Antes de dormir, repasa mentalmente tu día. Identifica cualquier evento que te haya causado insatisfacción o malestar, y reimagínalo de una forma que te genere bienestar. Revívelo en tu imaginación hasta que parezca tan real como la experiencia original.

2. Escritura de Cartas de Intención: Escribe una carta imaginaria como si alguien importante en tu vida te hubiera enviado un mensaje positivo o una buena noticia relacionada con algún deseo. Lee y visualiza esta carta cada noche, sintiendo gratitud por la experiencia.

3. Visualización de Resultados Positivos: Dedica unos minutos cada mañana a visualizar un objetivo o interacción importante para el día, como una reunión o un proyecto. Imagina con detalles cómo quieres que se desarrolle y qué resultados deseas obtener.

-

REFLEXIONES GUIADAS

1. Autoobservación de la Realidad: ¿Qué aspectos de tu vida consideras inmutables y por qué? Reflexiona sobre cómo podrías empezar a verlos como maleables a través de tu imaginación y percepción.

2. Percepciones y Creencias Limitantes: ¿Qué pensamientos recurrentes tienes sobre tus capacidades? Examina cómo estos pueden estar limitando tu experiencia y cómo podrías transformarlos a través de la imaginación.

3. Despertar a la Imaginación: ¿Qué significa para ti tener una "imaginación despierta"? Reflexiona sobre cómo tu vida cambiaría si consideraras tu imaginación como el poder que moldea tu realidad.

-

CONCEPTOS DE PSICOLOGÍA POSITIVA

1. Intención Positiva: Según la psicología positiva, tener una intención positiva para ti y los demás refuerza el bienestar emocional y fortalece las relaciones. Practicar el arte de la revisión de Neville es una manera de implantar intenciones positivas.

2. Mindfulness o Atención Plena: La práctica de la revisión fomenta la atención plena, ya que exige una observación consciente de la realidad interna y externa, así como una disposición para transformarla con intención.

3. Resiliencia Mental: Al imaginar una realidad más positiva y persistir en esta visión, se desarrolla resiliencia mental. Las enseñanzas de Neville permiten ver las dificultades como oportunidades de cambio desde dentro.

-

CITAS DE TEXTOS ESPIRITUALES

1. Proverbios 23:7: "Porque cual es su pensamiento en su corazón, tal es él." Esta cita refuerza el mensaje de Neville de que la realidad externa es un reflejo de nuestros pensamientos y emociones internas.

2. Evangelio de Tomás, Dicho 77: "Parte un leño y allí estoy; levanta una piedra y allí me encontrarás." Esto subraya la creencia de Neville de que la divinidad se encuentra en el poder de nuestra imaginación y en la conexión con el todo.

3. Bhagavad Gita, Capítulo 6, Verso 5: "Levántate a ti mismo mediante tu mente y no te rebajes." Refleja el poder de la imaginación para elevar y transformar la vida de cada persona.

-

PERSPECTIVAS DE AUTORES RELACIONADOS

1. Joseph Murphy: En su obra "El poder de tu mente subconsciente," Murphy explica cómo los pensamientos y visualizaciones pueden impactar nuestra realidad, en línea con la idea de Neville sobre el arte de la revisión para transformar las experiencias.

2. Dr. Wayne Dyer: Dyer menciona en sus escritos que "lo que piensas se expande." Esta idea complementa la enseñanza de Neville sobre el poder de la imaginación para crear nuestra realidad a través de lo que elegimos pensar y visualizar.

3. Florence Scovel Shinn: Scovel Shinn, en "El juego de la vida y cómo jugarlo," habla sobre la importancia de imaginar de manera positiva, sugiriendo que los pensamientos y creencias son fundamentales para manifestar deseos, similar al enfoque de Neville en la imaginación despierta.

Estas sugerencias amplían el mensaje de Neville, facilitando la práctica y comprensión de la "imaginación despierta" como un poder para crear y transformar la realidad.

LOS CUATRO PODEROSOS

Neville Goddard
(17-06-1956)

La historia de la humanidad es poco más que una larga lucha con este enigma infinito – el enigma de los Cuatro Poderosos. Cuando a Orígenes, uno de los primeros padres de la iglesia, se le preguntó por qué hay cuatro Evangelios y no solamente uno, él respondió y dijo, porque hay cuatro cuartos en los Cielos, norte, sur, este y oeste y, por lo tanto, cuatro cuartos en el alma humana. La Biblia habla de este enigma, el cual citaremos del Libro de Proverbios, y te contaré las promesas hechas a la persona y a la nación que puedan responder o desentrañar el enigma.

Está velado a través del Génesis hasta el Libro del Apocalipsis; los cuatro ríos, los cuatro jinetes, las cuatro criaturas alrededor del trono de Dios, los cuatro hombres sueltos y caminando en el fuego, y la forma del cuarto era como el hijo de Dios, y repartieron su ropa en cuatro partes, y en todas partes hablan de los cuatro, pero el hombre parece que no puede desentrañar el enigma. Esta mañana yo espero hacerlo, y si lo hago a vuestra satisfacción de modo que entréis en él, entonces ciertas cosas deberían sucederos. Ahora, veamos qué debería sucedernos.

Primero, permitidme citar el enigma. Es del capítulo 30 del Libro de Proverbios: "¿Quién ha recogido el viento en su puño? ¿Quién ha atado las aguas en un ropaje? ¿Quién ha establecido todos los confines de la tierra? ¿Cuál es Su Nombre y cuál es el Nombre de Su Hijo? ¿No puedes decirlo?" Pues ese es el enigma. ¿Podemos decirlo? ¿Conocemos el nombre del que lo hizo? Conocemos el nombre del hijo, y lo sigues, estrechamente.

El primero es Espíritu, el segundo es Agua, y el tercero es Tierra. Esa es la pregunta planteada.

El primero es sobre el viento; bueno, el viento en todas las lenguas, en todas las edades, ha sido utilizado como sinónimo de espíritu – el aliento.

Él habla del agua en segundo lugar. El místico sabe que el agua en la Biblia, y en todas las escrituras, simbolizaba la verdad psicológica. Las ideas que los hombres sostienen como Verdad; ya sean verdaderas o falsas, si él las acepta y consiente, teje esto en un ropaje, de modo que se pregunta quién ha recogido o atado realmente las aguas en un ropaje.

Y el tercero, – ¿quién ha establecido todos los confines de la tierra? ¿Quién los hizo fijos? ¿Quién pudo tomar este estado líquido, que es sólo un estado en movimiento, que no se ve, y objetivarlo, realmente estableciendo un algo que es sólidamente real y hacerlo para los demás un hecho? ¿Sabes el nombre? ¿Cuál es su nombre y cuál es el nombre de su hijo? ¿No puedes decirlo?

Ahora, pasemos ahora a las promesas. "Yo le pondré en alto porque ha conocido mi nombre", que lees en el Salmo 91, el cual a todos nos encanta recitar. "Yo le pondré en alto." ¿Cuando yo soy puesto en alto significa que soy hecho un rey, un presidente, un dictador, un gran gigante de la industria? No tiene nada que ver con tales exaltadas posiciones en la tierra, pues el viaje real de un hombre es la escala de la conciencia; siempre aumentando la conciencia; una conciencia de objetos de creciente significación; pero soy puesto en alto porque conozco el nombre. Un pájaro no será meramente una criatura emplumada. Un pájaro será para mí lo que era para Blake, simplemente una delicia maravillosa, una delicia celestial, trayéndome un mensaje.

Los pájaros me hablarán, no como tú entiendes el lenguaje, sino que su mismo vuelo me revelará el intento de Dios. Ellos me hablarán; no sólo los árboles, los pájaros; todo en el mundo es el lenguaje de Dios. Cuando el hombre es levantado, dejan de ser objetos – son expresiones de significado – como un libro es levantado en conciencia de meramente un objeto en el espacio a una serie de marcas sobre papel, a finalmente una expresión de significado. Cuando yo asciendo en conciencia, yo levanto a un objeto, pero si yo soy levantado porque conozco el Nombre, entonces cada objeto en el espacio deja de ser un objeto. Ellos tienen significado y están expresando significado. Así puedo leer el libro abierto de Dios. Un árbol ahora se convierte en un mensaje; los pájaros en vuelo, ¿por qué dos y no tres, o por qué tres y no diez? ¿Por qué en la forma en que volaban?; no hay accidentes – cada cosa es la página desarrollada del libro de Dios para el hombre que es puesto en alto porque él conoce el nombre. El nombre entonces se convierte, se nos dice, en "una fuerte torre y el justo gobierna en ella y es salvado."

Ahora tomemos una promesa más y responde tú si las naciones conocen el nombre. Si nuestros sacerdotes y nuestros rabinos y nuestros dirigentes, que deberían conocer el Nombre, realmente conocen el Nombre: – pues esta es la promesa que el Profeta nos da en el libro de Miqueas: "Toda la gente caminará, todo el mundo, en el nombre de su dios, y todos nosotros caminaremos en el nombre del Señor nuestro Dios", y en ese día todas las naciones volverán sus espadas en rejas de arado y sus lanzas en hoces y ninguna nación alzará una espada contra otra nación y no aprenderán más la guerra; y la historia de la humanidad ha sido la historia de la guerra y el crimen, y estas palabras fueron escritas cientos y cientos de años antes de nuestra era – cientos de años antes de Cristo. Sólo el individuo que ha encontrado el Nombre se convierte en uno que tomó su propia espada y la convirtió en una reja de arado. Escapó de la confusión, el individuo místico, el hombre o la mujer individualmente despierto que encontró el Nombre en medio de la lucha, entra y encuentra a un salvador en el Nombre. Es una torre fuerte para él y ahora entra y descansa. Él es levantado a lo alto y ve el desarrollo de los tiempos.

Ahora bien, si las naciones realmente lo conocieran, si la palabra pronunciada por los sacerdotes realmente fuera el Nombre, si la llamada palabra sagrada que pronuncia el rabino, fuera el Nombre, no tendríamos guerra; así que el nombre como es usado por los sacerdotes del mundo no puede ser el Nombre; ¿entonces cuál es el Nombre?

Volvamos ahora al enigma. "¿Quién ha recogido el viento en su puño?" ¡Qué imágenes! – ¿Qué es el puño? El puño es el símbolo de la primera letra del gran nombre misterioso de Dios. El puño es Jod. Ahora, ¿qué es un puño? La mano es el único órgano del cuerpo humano que lo pone completamente aparte de toda la creación; por lo que comienza el nombre de Dios, pues sin una mano, si yo fuera simplemente un Einstein elevado a la enésima potencia, yo sólo sería un mono inteligente. No podría construir, no podría dar forma, no podría moldear, no podría crear; yo podría tener todas las ideas del mundo, pero sin mano no sería un creador.

Así que aquí esa misma primera pregunta hecha es sobre el ser creativo, pues el viento es el espíritu – estoy hablando ahora del espíritu creativo – y así lo expresa en forma de un puño. ¿Quién ha tomado y reunido todo el viento en su puño? Así nos encontramos con que la primera letra es, en el lenguaje de la mística, ser consciente. ¿Puedes concebir estar en algún lugar en este mundo y no ser consciente? Puedes no saber quién eres, puedes no saber dónde estás, puede sufrir amnesia total, pero nunca puedes en la eternidad no saber que tú eres. Es lo único de lo que el hombre está seguro – YO SOY. Él sabe que él es, y no sabe quién es y dónde está y lo que es, pero no puede dejar de saber que él es; así que es la primera pregunta planteada; ese espíritu creativo que es la JOD, que es simplemente ser consciente.

La segunda, ahora. ¿Quién ató las aguas en un ropaje? Cuando yo hablo de ropajes en las Escrituras, simbolizan lo que la mente viste. Cuando un hombre está vestido con ropas delicadas, se nos dice que está en la casa del Rey y el Reino está dentro. No tiene relación con las enseñanzas de la vida externa. Cuando un hombre va vestido con pelo de camello o con un cinturón de cuero, estos están hechos de objetos externos, hechos de piel, hechos de pelo, lo más externo de un hombre, por lo que la enseñanza de ese hombre está representada por cosas externas, por lo tanto, él habla externamente. Él no habla del reino interior, habla de las cosas de fuera que el hombre debe hacer. ¿Tienes dos abrigos? Da uno a quien no tiene ninguno. ¿Tienes más de lo que puedes comer? Dale algo al que tiene hambre; pero cuando uno va vestido con vestiduras delicadas, no te habla de nada que tenga que ver con el exterior, pues él ahora está vestido con la ropa del Rey, y el Rey está en el Reino y el Reino está dentro. Así que hablamos ahora de un manto; un manto simplemente representa la inteligencia de la persona o lo que la persona ha aceptado como verdadero.

Ahora, donde hablamos de agua – Él recoge el agua en un ropaje y el agua es la verdad psicológica. Ahora, ¿quién puede tomar una mera asunción y recogerla en algo que es completamente real para él, que nadie ve, como tomarías digamos la nube y la recogerías y la formarías.

Y luego la tercera, ¿quién puede solidificarla? ¿Quién ha establecido todos los confines de la tierra? ¿Cuál es Su nombre? Vuelve al nombre. Encontramos que la mano era JOD y la segunda letra en el gran poder creador, (conocido como JOD HE

VAU HE) es HE. HE es simbolizada como una ventana. La ventana del hombre es su mente. Con mi mente veo. Con mi imaginación veo en la forma, así que ahora recogeré en mi imaginación lo que yo quiero ser en este mundo; así que lo recogeré sin ayuda de ninguna fuerza externa. Cuando veo claramente en el ojo de mi mente lo que me gustaría ser, he recogido este estado en un ropaje.

Ahora, ¿cómo solidificarlo? ¿Cuál es la tercera letra del nombre, este nombre misterioso? La tercera letra es VAU, y VAU es simbolizada como un clavo. Un clavo reúne, junta las cosas, así que puedo estar aquí y primero yo soy consciente, sólo simplemente consciente. Luego me vuelvo consciente de algo y me vuelvo muy refinado, muy selectivo. Hay innumerables cosas de las que soy consciente, pero no necesito singularizar una para identificarme con ella, sino simplemente las dejaré pasar todas a través de la mente, por así decirlo. Luego mantendré una – retendré una – el tipo de persona que me gustaría ser. Bueno, le daré forma a eso en un ropaje.

El siguiente paso es traerlo ahora a la solidez, que es la VAU. Pero, ¿cómo aplico el nombre al punto en que pueda utilizar la VAU en mi nombre? Asumiré que yo soy esa persona. Cuando camino en la asunción, estoy caminando en su Nombre. Se nos dice que en este estado todos caminarán en el nombre de su Dios. He encontrado el Nombre – lo he encontrado dentro de mí mismo como, primero, mi conciencia, mi capacidad de hacerme consciente de algo, mi capacidad de hacerme no sólo consciente de ello, sino de hacerme consciente de serlo, de modo que camine como si yo fuera el hombre que quiero ser, de modo que lo solidifique; y la última letra sólo da testimonio de la imaginería interna, pues la última letra es otra HE, por lo que hay dos HE en el nombre, una JOD y una VAU. No puedes pronunciarlo – Jehová no es el nombre – aproximadamente traducido es YO SOY, pero tienes que separarlo y saber qué quieres decir con

"YO SOY" para decir "Ve y diles: "YO SOY" te ha enviado a ellos." Cuando voy a Israel y me preguntan quién te envió, ¿cuál es tu pensamiento? Simplemente di "YO SOY" me ha enviado a vosotros y luego complétalo y diles, YO SOY el que YO SOY. ¿Qué quiere decir – Yo Soy Ese? Sí, ese es como es porque YO SOY como YO SOY. Si yo fuera diferente, ese tendría que ser diferente; así que yo soy el que refleja el ser que yo soy; pues lo que yo veo que es el mundo, es una medida de mi propio nivel de conciencia; pues lo que se ve, es un índice directo del nivel de conciencia del observador del mundo. No es el mundo – Yo soy ese – el que realmente soy, – y ese no podría ser otro que el que es, mientras yo permanezca como soy.

El más mínimo cambio en mi nivel de conciencia, el más mínimo cambio en la sensación de Yo soy esto, resulta en un cambio correspondiente en eso, que es el mundo que me rodea. En cuanto yo desee la paz y de hecho entre en el nombre de la paz, que haya paz en mi mundo, y yo miraré a un mundo y veré paz donde los demás ven conflicto, pues yo estoy sólo viendo eso en todo momento: ¿entonces cuál es mi autoridad? Mi autoridad es "YO SOY me ha enviado a vosotros" y YO SOY el que YO SOY. ¿Lo sé? Si yo lo sé nunca me quejaré. Si me rompo el cuello yo sabría que tú no podrías habérmelo hecho: yo me lo hice a mí mismo. Si me encuentro en cualquier estado en el mundo, no me puedo quejar pues he encontrado la Ley, he encontrado el Nombre por el cual todas estas cosas se juntaron.

Todo el espíritu creativo en el mundo es reunido en el Nombre y el Nombre es YO SOY. Pero el Nombre debe ser dividido y ser mostrado como Cuatro Poderosos, y no sólo el único. Todo es uno, pero hay cuatro funciones distintas del uno. No hay cuatro dedos o cuatro seres separados viviendo en un hombre. Dios es Uno y Su Nombre es uno, pero hay cuatro funciones distintas, y puedes llamarlas los cuatro Evangelios; llamarlas los cuatro ropajes que él vestía, llamarlas los cuatro ríos que fluyen del

Edén, llamarlas las cuatro criaturas que rodean el gran trono de Dios; llamarlas cuatro, pero comprender lo que entiendes por las cuatro.

Así, ¿cuando caminas por la tierra puedes caminar en su Nombre? Si puedo caminar en su Nombre, entonces sé lo que construyó el mundo, lo que lo mantiene sostenido y establece cada confín de este fabuloso universo maravilloso. Es el Nombre, y el Nombre es simplemente YO SOY. No es Jehová, no es Cristo Jesús, no es el Señor, no es una cosa que pronuncias, es una cosa que guardas en el silencio del corazón, porque sabes que tú eres y no tienes que afirmar YO SOY para ser. Simplemente sabes que tú eres, y lo único seguro en este mundo que cada uno sabe, sabe que él es, pero a veces no sabe quién es. A veces no sabe dónde está, y a veces no sabe lo que es, pero en todo momento sabe que él es – esa es la única convicción profunda en el corazón de cada hombre, así que él camina en eso; pero tiene que separarlo y obtener la comprensión de los Cuatro Poderosos dentro de él, lo que se nos ha dado de manera simbólica en el JOD HE VAU HE.

Aquellos que no lo entienden dentro de sí mismos lo tratan tan sagradamente que incluso cubrirán el nombre mientras despliegan el rollo para leerlo. ¿Alguna vez has ido a estas maravillosas iglesias y los has visto leyendo un rollo que el hombre mismo escribió, pues algún rabino escribió eso; sin embargo cuando va a leerlo él lo cubrirá, porque él no debe mirar al nombre de Dios. Es un nombre sagrado. No está en papel. No está en el rollo. Ni siquiera puede pronunciarlo. Está dentro de él como su conciencia, su capacidad para hacerse consciente de las cosas, su capacidad para hacerse consciente de ser el estado del que antes era sólo consciente, y camina como él y luego lo objetiva y se convierte en eso, así que YO SOY el que YO SOY. Así que cuando un mundo se describe desde la observación, está siempre, como se describe, revelando el nivel de conciencia del ser que lo describe. No es el mundo – que cambia automáticamente – si yo, de algún modo, cambio dentro de mí.

Ahora, hoy ponlo a prueba – pon a prueba el Nombre. Él dijo que yo he guardado todo lo que me diste en tu Nombre, y tu nombre y mi Nombre son uno. Tenemos el mismo nombre, por lo que cuando deletreas el Nombre del Hijo curiosamente tú empiezas por JOD HE VAU. Cuando deletreas Jesús en hebreo comienza JOD HE VAU. No tienes que ir más allá – ese es el Poder Creador – estar consciente, estar consciente de, y estar consciente de ser el estado decidido y entonces, pero no es Jesús, no pronuncias Jesús; está simplemente en el propio corazón del ser – ese es el Nombre.

Ahora, el día que realmente lo creamos y seamos suficientemente audaces para caminar en ese Nombre, habrá paz en el mundo. Si nos volvemos en el exterior a un Dios externo, habrá guerra en el mundo. Pues tú me has negado y cuando niegas al Dios real hay confusión y conflicto en el mundo. Así que cualquier hombre que se vuelve hacia un poder fuera de sí mismo y se inclina ante él como alguna reliquia sagrada o algún objeto sagrado, o de cualquier otro modo se vuelve hacia él, adora ídolos, porque el Dios vivo está dentro de ti. Vosotros sois el templo del Dios vivo. Él no está fuera y buscar en el exterior es ser llevado al extravío, y cuando eres llevado al extravío, eres llevado a la confusión y nada sino confusión resultará y, por lo tanto, conflicto y guerra.

Cuando un hombre encuentra el Nombre y responde al enigma él es "puesto en alto". Puedo prometerte una emoción más allá de tus sueños más locos cuando empieces a jugar con él y a ponerlo a prueba, y si eres levantado incluso un nivel un poco más allá de donde estás ahora, entonces el significado comenzará a revelarse, un mundo de significado; no hay nada en el mundo sin significado. Nada sucede por casualidad – no hay una pequeña cosa en el mundo sin importancia, y cuando te elevas en conciencia al nivel del significado, donde las cosas toman cada vez mayor importancia, ¡qué mundo en el que el hombre se eleva entonces!

Así que todo empieza en ese versículo 4 del capítulo 30 del Libro de Proverbios. Él preguntaba primero quién ha ascendido al Cielo y quién ha descendido; luego él pone el enigma, y el mismo ser que descendió es el que primero ascendió, y el que ascendió fue el que descendió – así que esta es la gran escalera de la vida, la escalera de la conciencia en la que el individuo desciende aquí para descubrir su propio ser – los Cuatro Poderosos dentro de él, y cuando él se encuentra totalmente excluido de ese conocimiento y empieza el conflicto dentro de sí mismo y descubre dentro de sí mismo la causa de todos los fenómenos del mundo, entonces él comienza a ascender, y el mismo ser que está ascendiendo es la que descendió en conciencia hasta el nivel de completa y absoluta confusión.

Ahora, hoy, para hacerlo práctico, como hicimos en el capítulo segundo de mi último libro – lo traté como un drama y los Cuatro Poderosos en ti – juega con ello. Considérate un productor. Vas a producir una obra – y el productor en el hombre sólo sugiere el tema. Él no va más allá. ¿No sería maravilloso (y nombras lo que sea) si yo fuera (y lo nombras) exitoso, feliz, y nombras un determinado estado, pero no vas más allá de la JOD: él sólo sugiere el espíritu, pues él sólo toma el viento y lo sujeta en su puño. Él sólo recomienda el motivo, el simple tema.

El segundo, ahora, en el hombre que interpreta ese tema es el autor, y el autor en el hombre es el maravilloso poder creativo interior del hombre que puede tomar el tema del éxito e interpretar la última escena, que implica que el tema se ha realizado. ¿Qué haría yo si fuera exitoso? ¿Qué vería? ¿Qué diría? ¿Cómo actuaría? Bueno, luego construyo un pequeño tema o una pequeña escena que implique el cumplimiento de mi deseo. Ese es ahora el trabajo del segundo poderoso.

El trabajo del tercer Poderoso en el hombre es el director. El director en el hombre es la atención controlada del hombre de modo que mi atención debe estar completamente absorta en la sola idea, la idea que implique el cumplimiento de mi deseo.

Ahora, el cuarto es aquel cuya forma es como la del hijo de Dios. Ahora, ¿quién es el cuarto en el hombre que ahora lo hará? La imaginación del hombre. El ser real del hombre es una espléndida imaginación. Una imaginación tiene forma, pero el hombre no lo entiende ni lo cree; pero el ser real es la imaginación. Puede ser cualquier cosa en este mundo, y por eso se pone a través de los pasos simplemente realizando interiormente el drama que él mismo ha construido; y lo que fuera que él ha construido, cuyo drama implique el cumplimiento de su tema, lo actúa interiormente una y otra y otra vez hasta que toma los matices de la realidad. Cuando interiormente él se siente natural en el papel en que es ahora auto-recreado, se levantará el telón y lo verá ahí. Proyectará el drama interior en la pantalla del espacio y verá moverse en la pantalla del espacio a todos los personajes necesarios para completar la obra.

Él no tiene que dirigir conscientemente uno de ellos. Se vuelven relevantes para su tema, y debido a que son relevantes son atraídos al drama sin su conocimiento, sin su consentimiento. Cualquier cambio en el drama debe tener lugar dentro de él y no en ellos, así que nunca apela a uno en el exterior para cambiar. Él los deja tal como están y reescribe la obra dentro de sí mismo y cambia el final. Cuando él cambia el final, todo el elenco se dedica a diferentes papeles y ha regresado a su mundo para completar su obra.

Así que los Cuatro Poderosos en el hombre pueden compararse con el productor, el autor, el director y el actor – los cuatro miembros más importantes en la producción de una representación, y esto es una representación. El mundo entero es una representación – esto es un escenario – pero este movimiento de hecho y el drama de hecho no está teniendo lugar ahí fuera. Se ha concebido, dramatizado, ensayado y completamente representado en otra parte. Cuando tú lo ves aquí es tanto una pantalla como cuando ves una película en esta pantalla después hoy. No puedes apelar a la actriz para cambiar, ni siquiera puede oírte. Cualquier cambio en el guión debe tener lugar donde primero se originó, no aquí. Esto es sólo una pantalla, como Blake dijo: "Todo lo que contemplas, aunque parece fuera, está dentro, en tu imaginación, de la que este mundo de mortandad no es más que una sombra."

Así que cuando encuentras a los Cuatro Poderosos, has encontrado el Nombre y cuando encuentres el Nombre serás puesto en alto. Tú gobernarás en él como una torre fuerte y serás salvado y habrá paz en tu mundo. Si una nación lo encuentra, habrá completa paz en el mundo. Si la persona lo encuentra, es paz en su mundo aunque el mundo entero rabie; en su mundo habrá paz. Ni una sola cosa lo tocará pues ha encontrado el Nombre, y el propósito de todo este viaje es encontrar el Nombre y el Nombre del hijo. Si yo encuentro el Nombre del Padre, Su nombre es como el mío, así que he encontrado mi nombre y el nombre deja entonces de ser Neville. Deja de ser Juan, de ser María, pero nunca lo pronuncias. Es tu deber sagrado. No se lo dices a nadie, lo guardas todo en el Nombre, pero no lo dices. En otras palabras, te llamarás por alguna otra etiqueta pero el nombre real está oculto a la vista porque tú, tú mismo, lo ocultas. Entras en el Nombre.

Ahora puedes intentarlo y ver si yo te he dicho la verdad esta mañana. Ve si no puedes concebir cosas hoy e identificarte con ellas. Permanecer fiel a esa asociación y ver si esa asociación no resultará en un estado correspondiente en el mundo externo. Valientemente asume que la persona que quieres ser. Permanece fiel a la asunción y ve si no se establece y se materializa en hecho, y conocerás entonces al que realmente estableció todos los confines de la tierra, pues tu tierra será anclada y llevará testimonio del hombre, la mujer, que tú mismo has concebido que eres. Entonces serás libre de la mayor tiranía en el mundo, y la mayor tiranía en el mundo es la de creer en causas secundarias. No hay segunda causa. Sólo hay primera causa, y la causa de todo es el Nombre; pero cuando no lo sabes, bueno, entonces tú culpas a otro, y no puedo concebir una tiranía mayor que la creencia en una segunda causa. Sólo hay un Dios, expresándose como Cuatro Poderosos dentro del individuo.

Así que piensa ahora en tu personalidad como algo que está informado por esta poderosa individualidad; pero informado por ella en cuanto a su nivel de conciencia en diferentes grados. En un nivel soy informado como el lenguaje de los pájaros. En otro nivel, el lenguaje de los árboles, y en otro nivel el lenguaje del movimiento de las nubes; cada pequeña nube formada me está diciendo algo. Cada pequeña onda me está diciendo algo. En un cierto nivel, el lenguaje es revelado. En un nivel inferior es simplemente un objeto moviéndose en el espacio. Levanta el objeto solo, cualquier objeto, y toma una significación aumentada – y qué emoción cuando el hombre se levanta así a si mismo, que todo le está hablando y diciéndole del reino dentro de sí mismo, que ni una pequeña cosa es por accidente – que el pájaro que aparentemente es salvaje y simplemente se posó en tu patio sólo por un momento, en su camino hacia el sur o hacia el norte, no se posó por accidente; trajo un mensaje – y cada pequeña cosa en el mundo te está diciendo algo cuando te elevas en conciencia; y te elevas en conciencia el día que encuentras el Nombre y entras en él pues "Yo le pondré en alto porque él ha encontrado mi Nombre." Él conoce mi nombre. La única razón para el levantamiento era el conocimiento del Nombre.

Así que toma el drama de esta mañana, represéntalo dentro de ti mismo y ve si tú, tú mismo, no puedes probarlo a tu propia satisfacción; has encontrado el Nombre por cambios de conciencia, no sólo aquí, sino que tus sueños cambiarán, tus visiones cambiarán, todo cambiará: pues tú has cambiado, y el éxito o más bien el cambio o la causa de todo cambio eres tú. No otra causa. Si tú cambias, todo cambiará.

Ahora, vayamos al silencio.

GUÍA PRÁCTICA

-

EJERCICIOS PRÁCTICOS

1. Desarrollo de un Tema en el Estado de Conciencia: Identifica una meta o deseo. Dedica unos minutos al día para visualizar cada detalle de este deseo cumplido, sintiéndolo y viviéndolo como real. Esto fortalece tu capacidad de "vestir" el estado, lo que Neville describe como el uso de los Cuatro Poderosos.

2. Diario de Identificación y Estado: Lleva un diario donde cada día escribas en primera persona cómo actúas y te sientes en el rol o estado deseado. Escribe en presente: "Yo soy…", seguido de la descripción de tu ser ideal. Este ejercicio refuerza la conexión consciente con el Yo Soy en el proceso de creación.

3. Simulación Activa: Practica "caminar en el nombre" asumiendo el estado que deseas manifestar. Realiza actividades cotidianas como si ya fueras la persona que deseas ser, lo que implica vivir en el papel de esa versión de ti, usando la imaginación como herramienta activa.

-

REFLEXIONES GUIADAS

1. Poder de Identidad: ¿Qué creencias limitantes tienes sobre lo que puedes lograr? Reflexiona sobre cómo tu identidad actual podría estar influenciando tu percepción de limitaciones y cómo podrías comenzar a transformarla a través de la conciencia.

2. Conexión con el Yo Soy: ¿Cómo te relacionas con el concepto de "Yo Soy"? Reflexiona sobre la idea de que todos los cambios en el mundo externo están directamente relacionados con tu sentido de identidad.

3. Interpretación de Señales en la Realidad: ¿Cómo te afecta el entorno en tu día a día? Reflexiona sobre cómo percibes los sucesos y si estos los ves como indicadores o mensajes que reflejan tu estado interior, similar a la enseñanza de Neville de que todo en el mundo lleva un mensaje.

-

CONCEPTOS DE PSICOLOGÍA POSITIVA

1. Autoconcepción Positiva: La psicología positiva propone que la autoimagen y el autoconcepto afectan profundamente las experiencias. Practicar la asunción de estados deseados fortalece una autoimagen positiva y orientada al crecimiento.

2. Resiliencia Psicológica: La creencia en el propio poder para cambiar la realidad desarrolla resiliencia, ya que permite al individuo ver los obstáculos como algo temporal, transformable a través del cambio de conciencia.

3. Autoeficacia: La convicción de poder crear la realidad fortalece la autoeficacia, un concepto clave en psicología positiva, ya que promueve una actitud activa y responsable hacia la propia vida y sus resultados.

-

CITAS DE TEXTOS ESPIRITUALES

1. Éxodo 3:**14**: "Yo Soy el que Soy." Esta afirmación bíblica es fundamental en las enseñanzas de Neville sobre la identidad, recordando que el Yo Soy es el núcleo de la creación personal y del poder individual.

2. Salmos 91:14: "Lo pondré en lo alto porque él ha conocido mi nombre." Esta promesa resalta la importancia de conocer y reconocer el Yo Soy como la esencia de elevación espiritual y manifestación.

3. Evangelio de Juan 14:12: "El que cree en mí, las obras que yo hago, él las hará también." Este versículo invita a la confianza en el Yo Soy como fuerza creativa, inspirando la manifestación de cualquier ideal al caminar en su nombre.

-

PERSPECTIVAS DE AUTORES RELACIONADOS

1. Dr. Wayne Dyer: Dyer explora el poder de la afirmación "Yo Soy" en su obra "El poder de la intención", que sugiere que cambiar nuestra autopercepción y asumir nuestro poder creativo transforma nuestra vida.

2. Napoleon Hill: En "Piense y hágase rico", Hill destaca la autosugestión y la visualización como métodos para alcanzar el éxito, complementando la enseñanza de Neville sobre la importancia de asumir el estado deseado.

3. Louise Hay: En su práctica de afirmaciones, Hay propone que al afirmar "Yo Soy" seguido de características positivas, se activan las fuerzas de creación y sanación en la vida de una persona, una idea que refuerza los principios de los Cuatro Poderosos.

Estas sugerencias refuerzan el concepto de Neville de "Los Cuatro Poderosos" y facilitan la integración práctica de sus enseñanzas, invitando a los lectores a explorar el poder del Yo Soy y a observar cómo cada aspecto de su mundo interno afecta la realidad.

EL VALOR DE LOS SUEÑOS

Neville Goddard
(06-11-1959)

Aquí usamos las palabras "Dios" o "Cristo" o "Imaginación" de manera intercambiable. Significan lo mismo. Si uso la palabra "Dios" porque me conmueve, o la palabra "Cristo", es lo mismo. Es el poder fundamental que creó y que sostiene el universo y que también sustenta nuestro entorno. Se nos dice que hay un secreto para toda la creación: "En el principio era la Palabra y la Palabra estaba con Dios y la Palabra era Dios. Todas las cosas fueron hechas por él, y sin él nada de lo que ha sido hecho, fue hecho". Podríamos usar la palabra "imaginación", pero el secreto aquí es "Palabra". ¿Qué es la Palabra? Se hizo algo que fue hecho.

Te han enseñado a creer muchas cosas acerca de la Palabra. Lee la Biblia y encontrarás lo que significa, porque nadie familiarizado con las Escrituras podría dejar de ver que la Palabra es el sueño del hombre. Te han enseñado que es un ser, nacido de una manera milagrosa, sin el oficio de un hombre. Bueno, en cierto modo, lo es. Yo tengo un sueño y sale de la nada; no depende de ayuda externa. "Si hay un profeta entre ustedes, Yo, el Señor, me manifestaré a él en una visión; hablaré con él en sueños". Así que, el vacío de Dios es el sueño del hombre. "Bienaventurada la que creyó, porque se cumplirá lo que le fue dicho de parte del Señor". Se le dijo en un sueño. Desde el principio hasta el final de la Biblia, Dios siempre está hablando a través de un sueño. En Job, él habla de dos tipos. El primero es un sueño y luego, una visión de la noche. "Él habla en sus oídos y los asusta con sus advertencias". (Job 33:16; Versión Estándar en inglés (ESV)). Yo no tengo que quedarme dormido aquí para soñar. La pesadilla es el reordenamiento de los sueños del día. Se reorganizan dramáticamente y se me presentan, y si mi propósito es incorrecto, me asusta con una advertencia.

Hay una dada en Génesis por Israel. Primero fue llamado Jacob y luego él luchó por sí mismo por el nuevo nombre de Israel. A partir de entonces, sus sueños fueron hechos objetivos, por lo tanto, los sueños eran reales. Él hizo un trato con su tío Labán para que todos los animales manchados y rayados en los rebaños fueran suyos, y Labán estuvo de acuerdo, pensando que Jacob sería poco más que un esclavo mientras trabajaba para asegurar a la primera hija y luego a la segunda. Y entonces el Señor apareció en un sueño y le dijo a Jacob que todas esas cabras y carneros que saltaban sobre los rebaños cuando venían a beber, eran manchados o rayados. Y como los rebaños se criaron donde vinieron a beber, entonces la descendencia se hizo como en el sueño, manchada o rayada; Jacob se hizo cada vez más rico y su suegro no obtuvo nada de su duro trato. Lo que vio en el sueño del día, lo vio en orden cronológico en el sueño nocturno.

Nosotros vemos mil cosas durante el día y muchas veces cosas violentas, que serán reorganizadas y dramatizadas en el sueño de la noche, por lo que puede asustarnos con una advertencia, porque se nos dice: "Mi palabra no volverá a mí vacía, sino que debe cumplir aquello para lo que la envié". Y la Palabra de Dios, es el sueño del hombre.

¿Puedes soñar hoy? Esa es la Palabra de Dios. A lo largo de toda las Escrituras se nos dice de la Palabra de Dios, y creemos que alguien realmente nos va a hablar. Podría llegar de esa manera cuando el hombre despierta completamente, pero generalmente viene en un sueño. A Salomón se le prometieron grandes riquezas y larga vida, y luego se despertó y "era un sueño". Dios siempre aparece hablando al hombre en un sueño, entonces el vacío de Dios es el sueño del hombre. No tiene que ser un sueño nocturno. Vive tanto en tu sueño de día, que los sueños nocturnos sigan en orden cronológico, tal como lo vio Jacob respecto al ganado rayado y manchado. Aunque todo el rebaño es marrón, yo los veré manchados en el ojo de mi mente. Y aquello que se manifestó, fue manifestado en la imagen sostenida. El vio lo que quería ver en el sueño del día y luego en el sueño de la noche, se manifestó en orden cronológico. Pero el hombre es asustado por su sueño, pero se les muestra sólo para llevarlo a pensar más constructivamente durante el día. Porque Dios, es la imaginación del hombre.

Yo podría elegir en esta audiencia esta noche, una docena de personas que me han escrito sobre el control de sus sueños diurnos. Aquí hay un hombre, cuya propiedad estaba siendo deteriorada, sus inquilinos estaban atrasados en sus pagos, el padrastro era bebedor y los niños estaban descuidados y andrajosos. En lugar de tomar acción legal, el dueño tomó un paseo imaginario pasando por su propiedad y la vio en el estado bien-mantenido que deseaba verla. Las cosas empezaron a suceder. La mujer se rompió la pierna y fue al hospital; enseguida el padrastro desapareció. Cuando la mujer se recuperó, se ausentó por un tiempo con los niños y regresó con un nuevo esposo. El lugar está ahora en mejor condición que nunca, los niños están bien cuidados y la familia feliz y contenta. Por lo tanto, "Bienaventurada la que creyó, porque se cumplirá lo que le fue dicho de parte del Señor ". Todos son María. El dueño de la propiedad era María.

Tú tienes un sueño de lo que quieres ser y lo ves claramente en su plenitud. Ahora bienaventurados son los que pudieron creer lo que les fue dicho por Dios, porque la voz de Dios es el sueño del hombre. Así que, ¿puedo creer que ahora soy lo que quiero ser y ser fiel a la voz de Dios? Entonces, mi palabra no volverá a mí vacía. Si puedo creer, sucederá. No tiene nada que ver con tu pasado, porque Dios le habla al hombre, no le importa quién eres, porque es a través del propio sueño de uno que él te habla.

"No tengas nada que ver con este hombre, porque hoy he sufrido mucho en sueños por causa de él" – mandó a decir la esposa de Pilato. Pilato recibe esta nota de su esposa cuando aquel, que era la encarnación de la verdad, estaba delante de él. Pilato es la encarnación de la razón y la verdad no responde a la voz de la razón. Pero la razón no podía creer que Dios le habla al hombre a través de un sueño, por lo tanto, no hizo nada. Dios puede hablar a través del sueño nocturno, pero generalmente asusta porque no lo entiende. "Él le habla al hombre en un sueño, en una visión de la noche". Lo hace para que podamos cambiar nuestro propósito y cambiar nuestras acciones, porque si noche tras noche mis pensamientos diarios son reorganizados en mis sueños nocturnos para asustarme, entonces, ¿qué estoy haciendo para que eso suceda? Porque noche tras noche, él dramatiza mi día, pero no en orden cronológico. Él toma todo el día y lo dramatiza y si no es agradable, me asustará para hacerme revertir mis acciones y mis pensamientos; reorganizar el contenido de mi mente y llegar al punto donde puedo luchar con este ser (mi ser interior) como lo hizo Jacob y obtener un nuevo nombre, para que mi sueño diurno se pueda proyectar de noche, tal como lo soñé durante el día. Jacob quería el moteado y rayado y vino justo como lo vio.

La Biblia entera, de principio a fin, es la visión de Dios hablando al hombre y él le habla al hombre a través de los sueños. Las visiones son diferentes de los sueños y vienen por la Gracia y sólo para dar testimonio del progreso que haces, son las marcas en el camino. A veces escuchas una voz directa, aunque eso es inusual, pero Dios siempre le está hablando al hombre a través de sus sueños del día. La voz de Dios es escuchada por el hombre en los sueños.

En el principio, él coloca al hombre (Adán) en un sueño profundo y no hay ningún registro de que haya despertado, por lo tanto, aun está dormido. Luego, "Dios les habló en el fresco de la tarde". Es todo Imaginario. Es el hombre en un sueño profundo y Dios está hablando a través de los sueños. "Si hay un profeta entre ustedes, Yo, el Señor, me manifestaré a él en una visión; hablaré con él en sueños". No tienes que quedarte dormido para soñar. Todo en el mundo me está hablando y yo estoy hablando conmigo mismo y mi propia maravillosa imaginación, es Dios que me habla. En el principio era el sueño y el sueño estaba con mi imaginación y el sueño era mi imaginación, y por ella todas las cosas hechas fueron hechas.

Entonces, yo comienzo en un sueño, pero puedo cambiar mi sueño y cambiando mi sueño, cambio la actividad de mi imaginación y así cambio los fenómenos de mi vida. Si no lo cambio, sigue igual. Si conoces a alguien a quien le gustaría esto o aquello, tú no levantas un dedo físicamente, sino que sueñas para ellos. ¿Cómo sería si fuera verdad? Represéntalos a ti mismo como si su sueño fuera verdad y luego no haces nada para que eso ocurra, porque un verdadero sueño tiene su propia forma de cumplimiento. Esa es tu Palabra y no puede regresar a ti vacía. Pero yo soy libre de cambiar la Palabra de Dios y así cambiar la frase y hacer que deletree algo diferente. Puedes tomar doce palabras y expresar devoción o, por su reorganización, expresar algo espantoso.

La Palabra de Dios es el sueño del hombre. Entonces, ¿qué estamos soñando? Si sólo lo creyeras y te convirtieras en el Ser de quien se dijo: "Bienaventurada la que creyó, porque se cumplirá lo que le fue dicho de parte del Señor". Porque tú eres ese Ser de quien se habla. Piensa en el estado ideal que te gustaría lograr y no lo modifiques. Piensa en el estado ideal para ti. No hay dos que quieran lo mismo. Pocos querrían hacer lo que yo estoy haciendo y muy probablemente a mí no me interesaría hacer lo que tú estás haciendo. Sueña noblemente. Tú tienes la Palabra. Su uso puede causar una aparente agitación, como lo hizo este hombre. Él no hizo nada más que tomar su viaje imaginario pasando por su propiedad y ver las cosas como él quería que fueran. Pero entonces – lo que podría llamarse una agitación – el accidente de la mujer. Él ha preguntado si él causó el accidente. ¡Ciertamente! Su Palabra lo causó. Tomó eso para liberar a la mujer del monstruo que estaba viviendo de ella. ¿No fue un precio pequeño a pagar por liberarse y disfrutar de lo que vino a continuación? Pero ten cuidado con la palabra que hablas, porque la Palabra de Dios es el sueño del hombre. Y como el sueño del hombre es causado por su propia imaginación, entonces, ¿quién es Dios?

La semana pasada, tuve una experiencia celestial tras otra con mi padre, porque he pensado tanto acerca de él; él es parte del drama de la noche y puedo tomar cualquiera de estas partes y encontrar su significado para mi instrucción. Aquí, la otra noche estuve con mi padre. Yo sabía que él había partido y él lo sabía; él sabía que los chicos no podían verlo. Mi hermano Collin salió en la lluvia y consiguió unos 'pescados voladores'. Ahora bien, él emplea a dos o tres mil personas, cualquiera de los cuales pudo haber hecho esto por él, sin embargo – en el sueño – él mismo salió y consiguió estos 'pescados voladores' y los trajo. Ahora, en las islas no hay nada más barato que el pez volador. Si tú quieres delfín, pides delfín, etc., pero si tú pides "pescado", siempre tienes un pescado volador. Y en el sueño, mi padre me dijo: "Es maravilloso. Él no es engreído y puede usar sus propias manos para hacer lo que algunos piensan que sólo los sirvientes deberían hacer ". Mi hermano fue uno de los ocho hijos que llevaron a mi padre hasta su tumba. Mi sueño no me asustaba porque yo sabía que mi padre estaba donde Collin no podía verlo, pero él estaba mirando y estaba orgulloso de que su hijo mostraba no ser engreído y podía hacer lo que cualquier empleado hubiera estado dispuesto a hacer por él.

Tomando el hoy y viviendo tan plenamente en la imaginación como la persona que quiero ser, entonces obedezco la Palabra de Dios. Yo puedo tomar la misma palabra y distorsionarla, porque yo soy Él, porque la Palabra de Dios es el sueño del hombre y eso, brotando de la imaginación, ese es Dios.

Así que Dios, Cristo o Imaginación, son intercambiables, y todo está hablando de tu propia maravillosa imaginación humana. Pero si durante el día, yo modifico la Palabra debido a la evidencia de mis sentidos, entonces la Palabra que he enviado la ha anulado, pero si me he mantenido fiel a mi imagen, entonces debe cumplir aquello a lo que se envía.

Todos pueden escuchar a Dios, porque todos son Dios. Tú no eres una cosa pequeña separado de Dios. La gente va a la iglesia y se arrodilla y tratan de escuchar a Dios y esperan que Dios los perdone por algo que ellos mismos se están condenando. Esto también es una Palabra de Dios, pero ¡que confusión! No hay nadie que interceda por ti, porque todos somos Uno. Así que, ponte de pie y habla la Palabra para todos y para ti mismo. Entonces tiene que cumplirse, porque la imaginación crea la realidad y no hay nada que la detenga.

Mi padre estaba en una playa en Barbados hace treinta años y lo veía como un lugar perfecto para un hotel. Él nunca vaciló en ese sueño. Pasaron los años, los propietarios finalmente murieron y cuando salió a la venta, la única persona que podría haber pagado el doble de lo que mi padre podía, había ido a Brasil y su oferta llegó por cable veinticuatro horas tarde. El sueño de mi padre se hizo realidad, aunque lo hizo treinta años antes. Él era Jacob y luchó con una idea hasta que se hizo realidad. Él primero la hizo real en el ojo de su mente y cuando llegó el momento, la única persona que podría haber superado su oferta, fue llamada a retirarse. Mi padre no ideó eso, pero cuando el hombre en Brasil recordó la venta y envió su oferta, llegó con veinticuatro horas de retraso.

Todos aquí – tú eres Dios- No eres algo pequeño. Dios se convirtió en ti para que puedas despertar y saber que eres él. Nada de lo que has hecho causó la llamada "Caída". No hay "pecado original". Era Dios realmente convirtiéndose voluntariamente y amorosamente en su propia creación que se llama: hombre, para que pueda despertarlo y convertirse en él mismo. Fue hecho a propósito y deliberadamente para despertar su creación y cuando se despierta deja de ser creado porque es Dios, así que "el que viene después de mí, es antes de mí: porque era primero que yo". Esto, que fue primero una imagen y fue iluminado por Dios y es Dios, entonces no tiene principio. Ese es el secreto. Algo que tuvo un principio está iluminado por algo que no tiene principio y se convierte en eso, por lo tanto, es también sin-principio. La forma se ilumina y se convierte en un centro de imaginación. Entonces entenderás las palabras: "Glorifícame con aquella gloria que era mía antes que el mundo fuese". Así, el hombre, en el verdadero sentido no puede empezar después de que él es iluminado por Dios.

Entonces, toma tu sueño más maravilloso y no importa lo que el día parezca traer, un sueño es la palabra de Dios y no puede fallar. ¿Puedes creer que eres la persona que quieres ser? Apégate a eso y contrólalo y no permitas que se convierta en un revoltijo en el transcurso del día, porque si lo haces, Dios tomará el "revoltijo del día" y lo reorganizará en el sueño de la noche y podría asustarte, pero sólo será para instruirte. Estos sueños son creados por ti en el transcurso del día, pero si ahora sólo fijas el patrón de vida que deseas y permaneces fiel a el, no puede volver a ti vacío, sino que debe cumplir su propósito.

Encontrarás a lo largo de los sesenta y seis libros de la Biblia, que él siempre está apareciendo al hombre en un sueño. No importan los "hombres santos" o los "lugares santos". Dondequiera que tú estés, eso es tierra santa, "Quítate los zapatos, Moisés" porque donde está el hombre, allí está Dios, porque Dios es el hombre. No busques a alguien que venga con túnicas. El hombre real, es el hombre natural y actúa de manera natural, pero enterrado en él está el Segundo Hombre, el Señor del Cielo y ese es Dios. Deja al hombre natural engendrarse en su imagen dividida. Pero ese hombre, el hombre natural, muere. No obstante, se te dice "Ustedes son Dioses".

Se nos dice que condenaron a Jesús, no por lo que él había hecho, sino porque él blasfemó. Él dijo que era el Hijo de Dios. Él les dijo: Yo digo que la ley te dice esto. "Yo digo que ustedes son Dioses y todos son hijos del Altísimo. Sin embrago morirán como hombres y caerán como cualquiera de los príncipes". La Escritura no puede ser quebrantada. Entonces ¿blasfemo cuando digo que yo soy el Hijo de Dios? Te digo que estoy consagrado y enviado por mi padre, ¿y tú me llamas blasfemo? Tú eres en realidad el Hijo de Dios, el Hijo del Altísimo. El Segundo Hombre debe despertar al hombre natural. Así morirás como cualquier otro hombre natural, sin embargo, el verdadero tú, es el Hijo del Altísimo.

Cuando él dijo que iba a morir y, sin embargo, que era el Hijo de Dios, ellos no sabían que hablaba del segundo hombre. La primera prenda en la cual estoy tejido, debe ser desechada cuando despierto desde dentro para descubrir quién soy yo. Primero debo ponerme en visibilidad y convertirme en mortal. Blake escribe:

"Todo lo que nace de un nacimiento mortal debe ser consumido con la Tierra para levantarse libre de la generación; Entonces, ¿qué tengo que ver yo contigo? Tú, Madre de mi parte mortal, con crueldad moldeaste mi corazón, y con falsas lágrimas autoengañadas encadenaste mi nariz, mis ojos y mis oídos; Paralizaste mi lengua con la insensible arcilla, y yo a la vida mortal traiciono, la muerte de Jesús me hizo libre; Entonces, ¿qué tengo que ver yo contigo?"

(A Tirzah)

Esta prenda, el cuerpo, es para ser usado mientras despierto. Pero a medida que me despierto cada vez más, puedo probar por un sueño, que yo soy él. La historia es: "Dios y hacer volver a Jacob". "El que me formó desde el vientre para ser su siervo, para hacer que Jacob vuelva a él". Tráeme ese estado mental que puede predeterminar. Él quiere un Hijo como él mismo. Pero, ¿quién puede traer a Jacob? Y ¿cómo puedo encontrarlo cuando es tan pequeño? Sí, él es pequeño, pero ¿quién lo traerá? Porque él te formó en el vientre para traer a Jacob. Él quiere despertar en cada ser uno que pueda crear como él crea, porque él crea por la Palabra y la Palabra de Dios es el sueño del hombre.

GUÍA PRÁCTICA

-

EJERCICIOS PRÁCTICOS

1. Sueño Activo: Cada día, reserva unos minutos para visualizar claramente un sueño o meta, imaginando que ya lo has logrado. Integra detalles sensoriales, como olores y sonidos, para hacerlo real. Haz esto consistentemente durante 30 días.

2. Transformación de Realidad Negativa: Si experimentas un evento desagradable, revísalo en tu imaginación cambiando la situación a una versión positiva y deseable. Este ejercicio ayuda a "reprogramar" el día y generar cambios en tu vida diaria.

3. Diario de Sueños: Lleva un diario en el que, cada mañana, anotes tus sueños nocturnos y tus visualizaciones diurnas. Al final de cada semana, revisa y observa patrones que puedan orientarte hacia tus deseos y aspiraciones.

-

REFLEXIONES GUIADAS

1. Explora tu Imaginación: ¿Cómo utilizas tu imaginación en tu vida diaria? ¿Sueles enfocarla en situaciones positivas o negativas? Reflexiona sobre cómo tus pensamientos e imágenes internas moldean tu experiencia.

2. Confianza en la Realización de tus Deseos: ¿Qué tan fácil es para ti imaginar que tus sueños son posibles? Reflexiona sobre las creencias limitantes que puedan impedirte visualizar una vida plena.

3. Fe y Persistencia: ¿Qué tan persistente eres en la práctica de vivir en la sensación de tu deseo cumplido? Reflexiona sobre los momentos en los que la duda reemplaza la fe y cómo puedes trabajar para sostener tu visión.

-

CONCEPTOS DE PSICOLOGÍA POSITIVA

1. Autoeficacia: Según la psicología positiva, la autoeficacia es la creencia en tu capacidad para lograr tus metas. Practicar la imaginación constructiva aumenta esta creencia, ayudándote a fortalecer tu confianza en tu habilidad para manifestar tus deseos.

2. Propósito y Sentido: Las enseñanzas de Neville sugieren vivir con un sentido de propósito, un principio clave de la psicología positiva. Establece metas alineadas con tus valores y visualízalas logradas, conectando así tu vida con un sentido de significado.

3. Optimismo: Desarrollar una mentalidad optimista implica enfocarse en los aspectos positivos de las situaciones. Practicar la visualización y el "sueño diurno" como un acto de fe en tu imaginación ayuda a cultivar este optimismo en tu vida cotidiana.

-

CITAS DE TEXTOS ESPIRITUALES

1. Biblia, Job 33:14-16: "Dios habla una y otra vez, pero la gente no lo percibe. En un sueño, en una visión de la noche, cuando el sueño profundo cae sobre los hombres." Esto refleja el mensaje de Neville sobre cómo Dios se comunica a través de los sueños.

2. Bhagavad Gita, Capítulo 6, Verso 30: "Aquel que me ve en todo y ve todo en mí, nunca me pierde ni yo lo pierdo a él." Esta cita refleja la idea de la conexión entre Dios y la imaginación de cada persona.

3. Proverbios 29:18: "Donde no hay visión, el pueblo perece." Esta cita apoya la importancia de los sueños y visiones como guías para la vida y el crecimiento, en sintonía con la enseñanza de Neville sobre el poder de imaginar.

-

PERSPECTIVAS DE AUTORES RELACIONADOS

1. Eckhart Tolle: En su obra "El poder del ahora", Tolle explora cómo vivir en el momento presente transforma nuestra vida. Esto se alinea con el concepto de Neville de vivir en la sensación de tener ya nuestro deseo cumplido.

2. Deepak Chopra: Chopra habla sobre la conexión entre la mente y la manifestación en "Las siete leyes espirituales del éxito", sugiriendo que el enfoque y la intención pueden materializarse, complementando la idea de Neville sobre la imaginación como la fuerza creativa.

3. Florence Scovel Shinn: En "El juego de la vida y cómo jugarlo", Shinn plantea que nuestras palabras y pensamientos son herramientas de creación. Al igual que Neville, defiende la idea de que la fe y la visualización son elementos clave para transformar la realidad.

Estas sugerencias enriquecen el mensaje de Neville Goddard en "El Valor de los Sueños", promoviendo un enfoque práctico y reflexivo para integrar la enseñanza en la vida cotidiana del lector.

AQUELLO QUE YA FUE

Neville Goddard
(06-10-1959)

Esta plataforma se ocupa únicamente del gran secreto de la vida. Aquí estamos convencidos de que el Poder Supremo que creó y que sostiene el universo es la Imaginación Divina, y no difiere de la imaginación humana, excepto en el grado de intensidad. Así que Dios-en-el-hombre es tu maravillosa imaginación; eso es Dios.

Te decimos que la imaginación crea la realidad, pero ten en cuenta que, a este nivel humano en la tierra, requiere de tiempo y persistencia. Si persistimos en la imagen, vivimos en ella, dormimos en ella, respiramos en ella, se cristalizará en forma tangible. Noche tras noche nosotros tomamos diferentes facetas de este gran secreto, pero cuando nos dirigimos al mejor libro en el mundo sobre la imaginación, lo tratamos de manera diferente. Entonces, volviéndonos hacia el, debes tener en cuenta que la Biblia está dirigida a la Imaginación, no al hombre de los sentidos o al hombre de la razón, el que está "perdido" o "muerto" o "profundamente dormido".

Tomaremos un simple versículo y te mostraremos por qué no está dirigido al hombre natural, "Lo que es, ya ha sido; lo que ha de ser, ya fue; y Dios busca lo que ha sido expulsado". (Eclesiastés 3:15 – Versión estándar en inglés (ESV))

El "hombre natural" no puede comprender eso, porque para él la realidad se basa sólo en la evidencia de los sentidos. El hombre de la razón podría justificar el final del verso diciendo que, si tiene algún significado, el escritor se refiere a recurrencia. El sol sale todos los días y la luna completa su ciclo y las estaciones van y vienen. Si tomamos una foto del universo hoy, los científicos pueden calcular cuánto tiempo llevará regresar a este punto de la foto. Así, el hombre intelectual podría justificar el verso; pero eso no es lo que quiere decir, porque no está dirigido al hombre de la razón o al hombre de los sentidos, sino al hombre de la imaginación.

¿Qué es todo esto? Lo que es, ya ha sido; lo que ha de ser, ya fue, y Dios busca lo que fue expulsado ". Se nos dice que él hizo a un hombre genérico (hombre-mujer) a su imagen y los llamó "Hombre". Luego se nos dice que este hombre fue expulsado y los sacerdocios nos dicen que fue expulsado debido a algún "pecado original". Yo envío a mi hija a la escuela para prepararla para vivir en el mundo – no para castigarla – sino para prepararla, yo debo enviarla. En Barbados tenemos un buen sistema escolar, aunque no más allá de la escuela secundaria. Cuando yo era un niño, allí veía a estos chicos que llegaban de las otras islas al comienzo del año escolar, con su ropa nueva y sus libros nuevos. Ellos pensaban que era emocionante, sin saber de qué se trataba; pero luego llegaba el momento en que los padres debían despedirse de ellos y dejarlos en este lugar extraño. Muchos niños lloraban al irse a dormir, no sólo por una noche, sino durante todo el periodo escolar, tal era su nostalgia y su soledad. Pero los padres lo hicieron en amor y los dejaron allí. Muchos, con gran sacrificio, enviaban a sus hijos a Inglaterra para una educación aún más alta y como no podían costear el llevarlos de regreso a casa durante sus vacaciones, tenían que esperar años para volver a verlos. Pero lo hacían en amor y sólo en amor.

Un ser infinito de amor hizo lo mismo con nosotros. Estábamos "muertos". Estábamos completamente hechos y perfectos, pero éramos como la estatua de Galatea. Y luego, para vivificar al hombre y hacerlo como Dios, él tuvo que expulsarlo – no en el espacio, en la mente. Así que Dios se convirtió en el hombre, lo que estaba muerto; y para hacerlo tuvo que bajar a este nivel, el cual en comparación con los estados superiores es llamado "muerte". Esta prenda de piel que usas, ha estado por mucho tiempo en preparación para el hijo de Dios. Se nos dice: "Y él les hizo vestiduras de piel". Es por propósitos educativos.

¿Por qué estamos aquí? Para hacer imágenes. Todo el universo es una imagen de fantasía cósmica. Nosotros estamos aprendiendo, así que comenzamos con las cosas más simples: un trabajo, un nuevo hogar, un cambio en el entorno. Lo hacemos de la misma manera que lo hizo nuestro Padre, sin embargo, esto es una escuela, así que cometemos errores, pero la culpa no es nuestra porque aún no estamos despiertos. Existía el sistema perfecto, entonces Dios liberó ciertas porciones de él y así él "preparó el camino para que regresara el desterrado". Dios busca lo que ha sido expulsado, para poder decir: "Este hijo mío estaba muerto y ahora ha vuelto a la vida". Nosotros somos a quien él está buscando. Hay algo escondido en esta vestimenta de piel que él está buscando. Debemos ir más allá de los sentidos y empezar a crear.

Así que les digo a todos, debemos comenzar el arte de crear, no importa cuán simple o cuán grande sea la cosa, no importa qué es lo que está creando. Creamos por fe y la fe es creer en lo que aún no se ve. Nosotros creamos al ensamblar una imagen que implica que ahora tenemos lo que queremos en este mundo y si somos fieles, hacemos que suceda y al hacerlo, comenzamos a movernos por este camino laberíntico para el regreso de su Hijo. "A quien Dios ha afligido, él consolará y llamará su amigo". Entonces, si estás herido, no creas que fue por lo que hiciste en el pasado. No. Pasamos por los caminos laberínticos fijos que él ha preparado para el regreso de su Hijo. Por lo que el Hijo finalmente despierta y él camina conmigo por toda la calzada de estos estados.

Tú puedes crear cualquier cosa en este mundo, si sabes quién eres. Y si no lo sabes, para eso existe esta plataforma, para enseñarte, pues todos estamos entrelazados. Puedes pensar que eres insignificante; incluso puedes estar en la cárcel, pero aun detrás de las rejas, tú estás creando. Y no necesitas permanecer en la cárcel si tú sabes quién eres.

¿Alguna vez has volado sobre un lago o sobre el océano? Un amigo recientemente voló desde San Diego. Él había estado en la marina y siempre había sido dueño de barcos, pero nunca antes había observado lo que vio ahora desde el aire. Él estaba en el lado del océano cuando el avión despegó de San Diego y, mirando hacia abajo, vio a este pequeño barco de nueve metros, viniendo en dirección opuesta. El notó la estela de esta pequeña nave y la vio ensancharse, nada la interrumpía. Cuando su avión siguió hacia el interior, volaba a más de cuatrocientos kilómetros por hora, pero mirando hacia atrás se dio cuenta de que este pequeño bote, con una velocidad de tal vez treinta nudos, estaba perturbando todo el Pacífico. Hasta donde alcanzaba la vista, esta estela se estaba moviendo y nada podía detenerla, pero el ocupante de ese barco ignoraba por completo lo que estaba haciendo. Todos somos así. ¿Crees que puedes imaginar y no afectar a los demás? Es como la estela, con el tiempo abarca a todo el mundo. Comienza como una pequeña "v" pero crece cada vez más. Todos estarán, de alguna manera, influenciados por mi patrón.

Si alguien sabe lo que quiere para sí mismo o para los demás y se mantiene fiel a ello, no tiene que preguntar: "¿Quién me ayudará?". Porque cada persona que debe desempeñar un papel, lo actuará para hacer posible el cumplimiento de ese sueño.

Una señora me dijo la otra noche: "Mira mis manos. Hace una semana se cubrieron de ampollas como con ácido; ahora no hay cicatriz, pero me tomó cinco días de revisión lograr lo que estás viendo." Innumerables días antes de esto, no sucedió nada, pero cinco días de revisión consiguieron eso. Ella produjo este cambio en su propio cuerpo.

Esto parece una estupidez para el hombre racional. "Para los griegos es una necedad y para los judíos una piedra de tropiezo", significa que el hombre de la razón no puede comprenderlo; no puede creer que uno pueda crear por imaginación. El camino está preparado para ti, porque hay innumerables estados y podemos crear estados para entregarlos a otros y sacarlos de aquellos en los que han caído. Estamos aquí en la tierra como en un gran salón de clases. No fuimos enviados aquí para ser castigados, sino para aprender a convertirnos en creadores, como nuestro Padre. No hay "pecado original" porque Dios tomó la decisión de enviarme a la "escuela". De hecho, yo estaba "muerto". Yo existía sólo para Dios, el creador del sistema perfecto, y luego vino la decisión de someterme a esta escuela con la esperanza de ser liberado en la gloriosa libertad de los hijos de Dios. Si se diera la elección, ¿qué niño iría a la escuela? Pero amando al niño, los padres lo someten a ese entrenamiento. ¿Cuántos años se toman de la vida de los niños y se dan al aprendizaje? Es lo mismo con nosotros, sólo que es una escuela más vasta.

Por lo tanto, no dejes que nadie te diga que hiciste algo malo al nacer. Estos abrigos de piel fueron preparados para nosotros porque ayudan al hombre, la realidad invisible, a hacerse consciente. Luego, algunos maestros enviados por Dios les dicen del único valor en el mundo y eso es, despertar. Pero si en el despertar deseas un hogar mejor, un trabajo mejor, una mejor salud, entonces intenta crearlo. Si fracasas, no importa porque tú estás aprendiendo. Si persistes, ganarás. Tú creas por la fe.

Por la fe los mundos fueron hechos y son sostenidos. Las cosas que están hechas, fueron hechas de lo que no se veía. Entonces, ¿cómo sería si fueras la persona que quieres ser? Mira el mundo como te gustaría verlo.

Déjame definir para ti, imaginación. Es una sensación espiritual, pero la palabra "espiritual" para la mayoría de nosotros, es algo que no es práctico: lo incorpóreo como opuesto a lo corpóreo. Sin embargo, la imaginación es el poder de percibir lo que está ausente de los sentidos. Toma una rosa, no hay ninguna aquí, pero en este momento ¿podría sentirla de alguna manera? ¿Olerla? ¿Tocarla? Puedo, aunque esté ausente de los sentidos. Eso es imaginación. Si la imaginación crea la realidad, entonces tal percepción de lo que está ausente de los sentidos, lo hace. Tenemos innumerables historias de casos para probarlo. La imaginación es el poder para percibir lo que está ausente de los sentidos y si persistes, vas más allá del hombre de los sentidos y más allá del hombre racional.

"El hombre natural no acepta las cosas del espíritu de Dios porque le son locura, no las puede comprender, porque se han de discernir espiritualmente". ¿Cómo puedo discernir mi casa espiritualmente? No puedo verla con mis ojos físicos, ni tocarla con mis manos físicas, pero en la imaginación yo puedo hacer ambas cosas. Tú puedes decir: "Yo no tengo una casa". Bueno, haces lo mismo con una casa que aún no tienes. Hazlo con los fondos que aún no posees. Nada tiene el mismo olor que el dinero, o el mismo sonido. Si es dinero lo que quieres, utiliza todos los sentidos para hacerlo real. Pero no digas: "Yo percibo porque sé que está ahí". Para ejercitar la Imaginación tú ves algo que aún no está allí. Entonces vamos más allá del hombre natural, como la dama que en cinco días provocó una completa transformación en sus manos.

Todos están aquí para hacer imágenes y para aprender lecciones y el ser que te envió aquí vino contigo y nunca te ha dejado. Él se convirtió en ti y te encendió consigo mismo. Cuando él encendió al hombre, despertó a través del pasaje preparado para él en esta escuela llamada tierra. Y luego, al ser él levantado, es abrazado y se le da el anillo y el ternero engordado. "Porque este es mi hijo que estaba muerto, pero ahora ha vuelto a la vida". El primer estado fue la muerte y luego viene la resurrección de este estado. Él se había perdido y ahora es encontrado de nuevo. "Lo que es, ya ha sido; lo que ha de ser, ya fue; y Dios busca lo que fue expulsado". Así que él lo expulsa sacándolo de la mente. Él está buscando a Jacob en el Antiguo Testamento, y en el Nuevo Testamento, Jesús. Porque cuando lo encuentra, él es Jesús. Cuando lo encuentra, la suya es la realidad del ser, que es Jesús. Él lo encontrará en cada ser en el mundo. Cuando esto comienza a despertar en ti, la antigua forma ya no puede contenerlo, el vino nuevo no puede ser contenido en botellas viejas. No puedes tomar este nuevo vino de verdad y confinarlo en el antiguo dogma, lo destruirá. Así que tiene que tomar una nueva forma cuando el Espíritu comienza a despertar dentro de uno.

Así que haz tu imagen y no pidas a nadie que te ayude, porque como la estela del barco, cambiará todo el mundo si es necesario para la realización de tu drama. Todo en el Pacífico tuvo que encontrar esa estela; nada podía detenerla. Tú eres el arca de Dios y lo que estás imaginando está influenciado a todos los demás, quienes también están imaginando. Así que la imaginación cambia las cosas. No te bases en los hechos. La verdad, como la vemos, no se limita a los hechos, sino que depende sólo de la intensidad de la imaginación. Todos pueden hacerlo, pero a menudo interfiere la razón.

Un amigo me dijo esta noche que él deseaba la respuesta a un determinado problema y ésta le fue dada. Él dijo: "Recé al Ser dentro de mí". Era una imagen financiera y obtuvo la respuesta, pero parecía tan estúpido que no lo aplicó. Si bien tener parte ahí, habría producido todo lo que deseaba. La razón interfirió y no puso su dinero en una empresa determinada. La razón se interpone entre el hombre de los sentidos y el hombre de la imaginación. ¿Has leído 'Genio prodigio, la vida de Nikola Tesla'? Él dijo que no había nada que no estuviera dentro de la imaginación. Él concibió la corriente alterna y cuando Edison le dijo que no se podía hacer, él dijo: "Pero lo veo y lo estoy deteniendo y comenzando". Y cuando trajeron su modelo a la fábrica, no cambiaron nada de el. Un amigo mío, un violinista, cortó un modelo preciso de algo que había visto en su mente. Era una caja plegable como la que ahora utilizan los grandes almacenes para guardar vestidos y demás. Él lo tenía patentado y vendió su patente por diez mil dólares. No hay una sola persona en este país que no haya usado este tipo de caja. Harry Webb la obtuvo en una visión. El fabricante hizo millones. Harry no trabajó por eso. La razón fue suspendida y esto vino a través de ello.

Aplica este principio a las pequeñas cosas de la vida y no dejes que nadie te diga que es demasiado material; los mismos te pedirán lo que sea cuando lo deseches. Estás aquí en esta escuela para crear a partir de tu imaginación y hacerlo por la fe. Imagina y crea los conceptos más nobles para ti mismo o para otros y vive en ellos, y de una manera que tú no sabes, influirás en las vidas de todos en el mundo; y todos los que sean necesarios para hacer realidad tu sueño, serán atraídos y llevados a ti. Incluso aquellos que buscan poner las cosas en tu contra – y piensan que lo están haciendo muy hábilmente – encontrarán que justamente aquello que hicieron, puso las cosas contra ellos mismos. Tú estás influenciando a todos en este mundo cuando estás imaginando. Quién sabe qué ser ahora, en solitario, no está perturbando a todo el vasto mundo. Él nunca será acusado, porque no está afuera. Pueden encontrar una causa aproximada, pero no pueden culparlo por él porque estaba en una celda. Aun así, él podría causar una ola de odio en la profundidad de su propio ser. Por eso es tan importante imaginar sabiamente. Sólo hay un ser que está despertando y ese es Dios, y nosotros fuimos puestos en esta escuela en amor, a pesar de que muchas noches, como los niños, lloramos. Los padres amorosos aquí han enviado a sus hijos reacios a la escuela; un amoroso padre celestial te envió a ti aquí a la tierra.

Aplicas este principio y usas el mayor talento del mundo, que es él mismo; es decir, la imaginación. No puedo decirte la emoción que te espera cuando comienzas a vivir por la imaginación. Y luego puedes pasar por todos estos estados que estaban preparados para el regreso de sus desterrados. Ningún estado ha sido fijado antes de que él pusiera a su Hijo en la profundidad para que resucitara. Entonces, como él es la vida del hombre, realmente es Dios quien está resucitando. Así que nos liberamos de los estados y al mismo tiempo liberamos a otros del mismo estado. No importa lo que un hombre haya hecho, él sólo está en un estado y puede ser sacado.

Cuando comenzamos a despertar, comenzamos a consolar y sanar, porque a quien Dios ha afligido, lo hizo por un buen fin y eso es, para poder despertar. "Este es mi hijo que estaba muerto, pero ahora ha vuelto a la vida". Ni siquiera la bestia más monstruosa que jamás haya caminado sobre la tierra, puede perderse, porque Dios también está presente en él. Si uno pudiera perderse, entonces Dios podría perderse, porque él se convirtió en su Hijo, para despertar a ese Hijo como Dios.

Por lo tanto, haz tu sueño y vive en el y se hará realidad. Se nos dice que cuando el sembrador sembró, las semillas cayeron en cuatro tipos de suelo. El primero no estaba preparado; cayó junto al camino y ninguna semilla echó raíces. Estos son los que no escucharán. Después encontrarás uno que tomará esta enseñanza, pero cae sobre terreno pedregoso. Consiguen algo nuevo, pero no hay raíz. Lo primero que dicen es: "¡Bah, hubiera ocurrido de todos modos!" El tercero cayó entre los "espinos y cardos". Crece más profundo que el de la roca, pero realmente creen que sólo con dinero se pueden obtener las cosas y así la enseñanza es ahogada por las espinas de su incredulidad. Luego está el terreno preparado, que enraíza profundamente y produce fruto ciento por uno. Este terreno ha sido preparado por tu educación y que todo está entretejido en las formas laberínticas de tu propia mente. Y luego tú aprendes a caminar en el sentimiento de tu deseo cumplido y puedes crear estados de este alfabeto celestial de Dios, y entonces encontramos que toda la historia de la Biblia es una historia verdadera, vista a través de los ojos de quienes la escribieron. Es la historia del alma del hombre y algún día tú sabrás que está ocurriendo en ti, y luego se mueve rápidamente y entenderás la visión que antes no entendías. Entonces tú puedes decir: "¡Todo el Libro hablaba de mí!"

Por lo tanto, hablando de aquel que Dios está buscando, el que estaba perdido, ¿quién lo encontró? Dios lo encontró. Lo encuentras desplegándose dentro de ti. Y ves que ya no puedes usar la botella vieja o el marco viejo, ya que la visión difiere y no te puedes poner ropa nueva en las prendas viejas, o vino nuevo en botellas viejas, y tus amigos te dirán que si haces esto, no tendrás oyentes. Pero debes ir ciegamente, porque te han dado el vino nuevo. No ves a nadie que sea importante y no consideras que los sabios o los necios estén en estados supremos, sino que los ves pasar a través de estos estados, en los cuales todos podemos caer mientras estamos siendo educados, mientras nos movemos del estado de muerte a la libertad divina de los hijos de Dios.

Entonces, si tienes una visión, no permitas que la razón interfiera como mi amigo que perdió cincuenta mil dólares porque él permitió que la razón interfiriera y no siguió la respuesta que le fue dada. La razón divide al hombre natural de los sentidos, del hombre de la imaginación. Blake dijo: "Aquellos que restringen el deseo lo hacen porque el suyo es lo suficientemente débil como para ser restringido y aquel que restringe o la razón, usurpa su lugar y gobierna a los que no están dispuestos. Y el deseo siendo restringido, gradualmente se vuelve pasivo, hasta que es sólo la sombra del deseo".

Si deseas la recuperación de un amigo, no lo restringas, porque entonces la razón lo restringirá. No dejes que nadie te diga que sufre por el pasado. Tú estás llamado sólo para perdonarlo. Tú no eres el juez. No dejes que nadie te diga que tu padre castiga. Él parece hacerlo con un propósito: "Yo hago morir y hago vivir; yo hiero y yo sano…". Elige vivir, pero debe haber lo contrario para despertarte. Pero podemos elegir del árbol de la vida, el cual es verdad y error.

Entonces, libera a todos del estado en el que han caído. Ahora ves lo que el profeta quería decir: "Lo que ya ha sido…" porque la escuela está preparada para el despertar del Hijo de Dios.

GUÍA PRÁCTICA

-

EJERCICIOS PRÁCTICOS

1. Visualización Activa: Cada noche, antes de dormir, visualiza claramente un objetivo deseado. Imagina que ya lo has logrado, siente la emoción de tenerlo. Haz esto durante al menos 5 minutos, integrando todos tus sentidos.

2. Revisión del Día: Al final de cada día, revisa los eventos que ocurrieron, especialmente aquellos que deseas mejorar. En tu mente, reimagina estos momentos como te gustaría que hubieran sucedido. Este ejercicio ayuda a moldear la realidad de acuerdo a tus deseos.

3. Carta a tu Yo Futuro: Escribe una carta detallada como si fuera tu "yo" del futuro agradeciendo los logros que has alcanzado. Sé específico en cada área de la vida que deseas mejorar. Guarda la carta y revisítala en el futuro para ver los cambios.

-

REFLEXIONES GUIADAS

1. Creencias Limitantes: ¿Cuáles son las creencias que tienes sobre ti mismo que podrían estar limitando tu crecimiento? ¿En qué situaciones sientes que estas creencias aparecen con más fuerza?

2. Sentimientos en la Creación de la Realidad: ¿Cuán a menudo te permites sentir y experimentar la realidad que deseas crear?

Reflexiona sobre cómo el sentir y el imaginar actúan en tu vida diaria.

3. Persistencia y Fe: ¿Qué tan persistente eres al mantener una visión de lo que deseas, incluso cuando los resultados no son inmediatos? Reflexiona sobre qué significa para ti tener fe en algo que aún no es visible.

-

CONCEPTOS DE PSICOLOGÍA POSITIVA

1. Resiliencia: En psicología positiva, la resiliencia es la capacidad de sobreponerse a situaciones difíciles. Al practicar los principios de Neville, como la persistencia y la fe, se desarrolla una mentalidad resiliente que facilita la manifestación.

2. Optimismo: Neville enfatiza la fe y la creencia en lo deseado. El optimismo, visto en psicología como una actitud hacia el futuro, apoya la práctica de mantener pensamientos y emociones positivas para crear la realidad deseada.

3. Fluidez y Mindfulness: Cultivar el estado de "fluidez" (o "flow") y la atención plena en el presente ayuda a reducir la interferencia de la razón y a permitir que la imaginación tome protagonismo en la creación de la realidad, alineado con las enseñanzas de Neville.

-

CITAS DE TEXTOS ESPIRITUALES

1. Biblia, Marcos 11:24: "Por eso les digo: Crean que ya han recibido todo lo que estén pidiendo en oración, y lo obtendrán." Esto refuerza el concepto de Neville de vivir en la sensación de que el deseo ya se ha cumplido.

2. Bhagavad Gita, Capítulo 6, Verso 5: "Levántate a ti mismo mediante tu mente y no te rebajes." Esta cita apoya la idea de que nuestra realidad externa refleja nuestras creencias internas y nuestra imaginación.

3. Evangelio de Tomás, Dicha 77: "Partan un leño, allí estoy yo; levanten una piedra, y allí me encontrarán." Refleja la enseñanza de Neville sobre la presencia divina en cada individuo y el poder creador que yace en nuestro interior.

-

PERSPECTIVAS DE AUTORES RELACIONADOS

1. Wayne Dyer: Dyer también habla sobre el poder de la imaginación y la intención en la creación de la realidad, afirmando que "Lo que uno imagina y en lo que uno se enfoca, se expande y se convierte en nuestra realidad."

2. Joseph Murphy: En su libro "El poder de la mente subconsciente," Murphy explica cómo los pensamientos repetitivos y las afirmaciones pueden influir en nuestra mente subconsciente, un enfoque paralelo al concepto de persistencia en Neville.

3. Louise Hay: Hay enfatiza el uso de afirmaciones positivas como herramienta para transformar la realidad, similar a cómo Neville enseña a visualizar y mantener una imagen en la mente. Su enfoque en el amor propio complementa la idea de crear desde el interior.

Estos puntos adicionales ayudarán a que los conceptos se integren con mayor profundidad en la vida de los lectores, reforzando las enseñanzas de Neville Goddard a través de la práctica, la reflexión y el conocimiento interdisciplinario.

LA MONEDA DEL CIELO

Neville Goddard
(1954)

Siendo este mi último domingo por un año, no quiero dejar ninguna duda en tu mente de lo que intenté decir en las últimas conferencias. Así que voy a hacer una pregunta que puedes responder en silencio. ¿Has vivido tu vida de tal manera que deseas volver a vivirla? Bueno, si no lo has hecho, es mejor que escuches con atención lo que diré esta mañana, si aún no has comenzado, porque te puedo decir que la próxima vida, es esta vida. Cuando se abra el ojo, lo verás. Ese hombre, a menos que despierte y cambie las sendas de esta vida, las recorre para siempre. Entonces, si no has vivido esta vida de tal manera que realmente deseas volver a vivirla, comienza ahora a cambiar esas sendas y crear nuevas sendas.

Déjame darte una simple y pequeña visión; estas son todas visiones verdaderas del orador. Acostado en mi cama, de repente, se abrió el ojo interior y vi a un hombre vestido con ropa de trabajo y caminando por las aceras de una ciudad importante. Cuando llegó a un pozo que estaba abierto para recibir carbón, de hecho, el carbón acababa de ser entregado, él dejó caer algo de su mano y, en lugar de agacharse a recoger lo que se había caído, él recogió enormes trozos de carbón que estaban dispersos alrededor del pozo; luego mi visión se relajó. Cuando volví a concentrarme en la visión, fue en la primera parte de la escena, del hombre caminando por la acera. Él llegó un pozo de inspección, dejó caer algo, tal como había hecho en el estado anterior, agachándose él recogió el carbón como lo había hecho antes. Todo fue en detalle. Cuando lo vi por segunda vez, dije: "esa escena no ha cambiado ni un ápice". Mi atención se relajó de nuevo. Cuando me volví a concentrar, estaba en la primera parte de la escena. Ahora yo podría profetizar por ese hombre; yo sabía exactamente lo que haría en cada momento del tiempo hasta ese pozo de inspección, donde dejaría caer su paquete y no lo recogería, sino que recogería el carbón. Yo sabía que miraría dentro de ese pozo y luego cambiaría de opinión, ya sea porque alguien de abajo lo vio recogerlo y no quería las consecuencias de su acción, o de lo contrario porque tuvo un cambio de corazón; pero yo sabía en detalle qué haría ese hombre.

Nosotros estamos caminando por senderos y los senderos son para siempre, y por la simple curvatura del tiempo, tu próxima vida es esta vida. Tú simplemente la repites, por lo tanto, si no has actuado de tal manera que estés orgulloso de ella, comienza ahora y comienzas el cambio hoy.

Te hemos dado un sistema por el cual la cambias.

Para aquellos que no han oído por qué digo que caminas senderos: tú estás puesto para siempre en la presencia de una energía infinita y eterna y de esta energía proceden todas las cosas, pero proceden de acuerdo con el patrón. La energía se está moviendo de acuerdo a cierto patrón y tú determinas el patrón que toma, ya que tú realmente estableces estas sendas dentro de ti, sobre las cuales fluye la energía mediante el uso de tus conversaciones internas.

Esta energía, ahora la llamo mente, sigue las sendas establecidas en la propia conversación interna de un hombre. Entonces, si tus conversaciones internas no son lo que deberían ser, hoy te pido que comiences a mantener conversaciones dentro tuyo, basadas en premisas de ideales cumplidos. Si hasta ahora has fallado en encarnar el hombre o la mujer que quieres ser, empieza ahora a asumir que eres ese hombre, que eres esa mujer, e internamente mantén conversaciones con tus amigos, aquellos que te respetan o aquellos que quieres que te respeten y mantén esas conversaciones desde las premisas que ellos ven en ti, el hombre o la mujer que quieres que el mundo vea, tal como si ya lo fueras. Entonces esas palabras internas, que son realmente el terreno fértil de la acción futura, establecerán nuevas sendas y luego la energía, que está siempre fluyendo, fluirá sobre estas sendas y las condiciones y las circunstancias de la vida cambiarán. Si no estableces nuevas sendas, profetizaré para ti, te encontrarás a ti mismo repitiéndolo, pero no sabrás que lo has hecho antes.

Si sólo pudiera ahora llevarte conmigo a la visión interna y mostrarte esta sala elevándose, todo elevándose en detalle, como una cortina tridimensional elevándose, pero, aunque todo se está moviendo hacia arriba, sin embargo, permanece. Es tan completamente automático que se eleva a cada momento del tiempo, el mundo entero está elevándose y mientras se eleva, el mundo permanece igual. Es casi como si no hubiera pasado nada y por eso no puedes verlo, pero si el ojo interno se abre, lo ves elevarse y como se va, aquello que comienza es el duplicado, el duplicado perfecto de aquello que se elevó y se eleva de manera tridimensional, de modo que cuando un hombre recorre estas sendas, ignora por completo que las ha caminado por siempre.

Así que traigo un mensaje para hacerte consciente, el hombre debe despertar del sueño donde es simplemente un autómata. Él se mueve como una máquina, luego comienza a despertarse y cuando despierta, entonces no es en absoluto el hombre que aparentemente en el pasado actuó por toda la eternidad. Se despierta en un nuevo ser, un nuevo hombre.

Ahora, el nuevo hombre es un hombre de nuevas conversaciones, como se te dijo en Efesios "Despójate de las conversaciones anteriores que pertenecen al viejo hombre, el cual es corrupto según los deseos engañosos"(versión KJV). El nuevo hombre se identifica con palabras completamente nuevas, él habla solamente cosas amables; es incapaz de cualquier pensamiento desagradable en el mundo; es incapaz incluso de escuchar lo desagradable, porque internamente él habla sólo lo amable, sólo las cosas amorosas del mundo. Luego se encuentra despertando a un hombre que estaba dormido; él despierta al segundo hombre que se llama Jesucristo en la Biblia, el cual ahora te digo que es tu propia maravillosa y amorosa imaginación. Cuando la imaginación se despierta, es incapaz de ser ejercida de ninguna otra manera que no sea una manera amorosa. Entonces, cada vez que usas tu imaginación amorosamente, literalmente tú estás despertando este hombre interno y estás mediando entre Dios y el hombre. Si pienso en alguien de una manera amorosa, yo estoy en contacto con ese ser y Dios fluye hacia él.

Ahora, porque este es mi último domingo, te daré lo que di a la clase el viernes pasado: No lo mires así como una imagen metafórica; míralo como una imagen real. Imagínate a ti mismo en la base de una maravillosa cascada y esa agua fluyendo hermosamente en ti e imagina que fluye a través de ti y ahora fluyendo de ti hacia alguien en quien piensas.

Hago esta declaración porque es una declaración verdadera; nosotros estamos ahora en el Edén, pero estamos dormidos como se dijo en el segundo capítulo de Génesis; el hombre se durmió profundamente cuando fue puesto para cultivarlo y cuidarlo. Para despertar, haz esto: me imagino a mí mismo como el centro a través del cual irradia el agua y todos en este mundo están enraizados en mí y terminan en mí como yo estoy enraizado en Dios y termino en Dios, así es que yo estoy en el jardín de Dios, es el Edén. Pero en el jardín de Dios, cada hombre en el mundo tiene una parcela, un pequeño jardín. En ese jardín hay árboles que crecen, tú puedes verlos; si yo miro a este hombre ahora y miro internamente su parcela en mi jardín, yo veré los árboles, algunos se llamarán salud, otros los llamo riqueza, el árbol de la dignidad, el árbol de la nobleza, el árbol de ser querido – éstos pueden estar marchitos, realmente nunca morirán, pero pueden marchitarse, necesitan agua. Sólo imagina que estás regando esa planta y mira en el ojo de tu mente las hojas que aparecen en lo que antes era una planta estéril. Observa cómo aparece el fruto y dondequiera que él esté en el mundo, al regar su jardín – que en realidad es tu propio jardín- él encarnará las mismas cualidades que el árbol que ahora está comenzando a producir e irradiar.

Tú nombras el árbol; como quiera que lo llames, eso es. Tú nombras a este, si sabes que no es querido – él desea ser querido- tú lo nombras y dejas que el agua fluya hacia él. Imagina que está creciendo de manera saludable en ese jardín y observa cómo saca sus hojas y cómo saca su fruto. Donde quiera que esté en el mundo, él comenzará a ser querido por las personas en su mundo. Si está desempleado, es un árbol de empleo; míralo irradiar sus hojas e irradiar su fruto; él será buscado y tendrá un empleo remunerado.

Te digo que esto no es una vana declaración, todos aquí pueden hacerlo y todos deberían hacerlo. Cada vez que riegas el árbol en el jardín de alguien, al mismo tiempo tú estás regando tu propio jardín en el jardín eterno de Dios. Porque 'Yo soy la vid y ustedes son las ramas ", todos los hombres pueden decir lo mismo. Entonces, al levantarte – aquí hay dos mil seiscientos de ustedes – individualmente eres la vid central del jardín de Dios y todos en tu mundo son una rama en esa vid. Así que cuando yo, como vid central, riego una rama en mi jardín, en ese mismo momento estoy siendo regado y mi jardín está siendo regado en tu maravilloso jardín. No tengo que regar el mío, sólo cuidando los muchos jardines en el Edén de Dios, yo cuido mi propio jardín que está en la vid de todos en el mundo.

Inténtalo, puedes bendecir a todos en el mundo y luego, finalmente, el ojo se abre, el oído se abre, el hombre interior se despierta y ves el mundo más glorioso, el cual siempre está aquí para ser visto, sólo que nosotros, en nuestro sueño, lo hemos cerrado. Cerramos todo el maravilloso mundo dorado al irnos a dormir y convirtiéndonos en un autómata; pero tómame en serio porque tu próxima vida, es esta vida. Tú haces de esta vida lo que quieres hacer, porque si no lo haces, te encontrarás a ti mismo automáticamente y ni siquiera lo sabrás, porque como persona dormida no sabes que estás caminando por el mismo sendero. Sin tan sólo pudiera llevarte dentro de mí y dejarte ver con el ojo del ojo interno y observar a estos autómatas en el mundo, gente dormida; sí, los ojos están abiertos y parecen estar despiertos, pero realmente están profundamente dormidos porque están repitiendo lo mismo.

Hazte consciente y a medida que te haces consciente, entras en el círculo más glorioso de la humanidad despierta. Yo lo llamo el círculo consciente de la humanidad, o como mi antiguo maestro solía llamarlo "Los Hermanos". Simplemente significa el hombre despierto y cuando despierta, todos ellos son seres gloriosos, ya que todos son la imagen del Divino. Así que pruébalo, pruébalo hoy con el arte de la revisión. Al final de este día, revisa el día de hoy. Si hay alguna cosa desagradable en el día, no la permitas, reescríbela. Toma la misma escena y reescríbela y una vez que la hayas reescrito, vuelve a actuarla. En tu imaginación, imaginas que la acción se desarrolla y recreas todo; al recrearla como deberías haberlo hecho la primera vez, la has cambiado. Y el momento nunca retrocede, como la gente piensa, el momento avanza.

Ahora bien, esto puede parecer una afirmación insana – que ayer es el futuro de hoy – parece una locura que pienses que no lo es, que es pasado, pero por la curvatura del tiempo lo descubrirás, pero no lo sabrás, porque estarás dormido, a menos que comiences a despertar y encuentres en tu futuro, aquello que es antaño, porque el momento nunca retrocede, siempre avanza hacia el futuro para enfrentarnos. Entonces, si no lo cambias, simplemente te encontrarás repitiendo una y otra vez aquello que afortunadamente en la infinita misericordia de Dios, el sueño deja fuera la memoria de ello, así que lo estás haciendo y crees que lo estás haciendo por primera vez. Pero te pido que despiertes, porque el propósito de esta plataforma es despertar a todos los que vienen aquí, para que todos podamos entrar en esta hermandad de la humanidad despierta.

Se nos dice que hubo 'dos regalos que se le dieron al hombre al nacer' – no se refiere a este pequeño nacimiento cuando dejé el vientre de mi madre, sino cuando dejé el gran vientre de mi Padre, que es el gran vientre de la creación; cuando, antes de que el mundo existiera, Él me creó y me hizo perfecto y me puso en este mundo con un propósito, un propósito educativo. Entonces él me dio dos regalos; él me dio su propia mente y me dio el don de la palabra, la misma cosa que usó para crear un mundo. Él habló para que el mundo existiera y luego me dio el regalo por el cual él habló para que el mundo existiera; así, me dio la mente y el habla. Si lo uso sabiamente y lo hago correctamente, seré conducido a la realización, al cumplimiento de todos mis deseos; ninguno está más allá de mi capacidad de realizar. Si continuamente lo uso sabiamente, cuando abandono el cuerpo – como el mundo lo llama, un hombre muerto – cuando dejo esto y entro en otra dimensión, por el uso sabio de los mismos dos regalos, seré llevado en compañía de los bienaventurados, si despierto. Si no lo uso sabiamente, continúo mi círculo de sueño; si lo uso sabiamente, romperé el círculo de recurrencia y me elevaré más allá de ello hacia la eternidad. Si no lo hago, continúo en la línea curva del tiempo y lo repito una y otra vez hasta que un día me despierte, porque estoy destinado a ajustarme con la imagen de su hijo.

Así que no tengo dudas de que todos se despertarán, pero ¿por qué no comenzar ahora el proceso de despertar? Y lo empiezas practicando el arte de la revisión. Inténtalo; no lo tomes de manera superficial. Te pido y te ruego que leas una y otra vez el capítulo "Las tijeras de podar de la revisión" y lo hagas día tras día, y nunca dejes que el sol descienda sobre tu ira. Cualquier aflicción o cualquier problema del día, resuélvelo antes de dormir y lleva esa imagen resuelta al sueño y encontrarás al hombre interior despertando. Lo intentas con tus amigos y tú eres la gran cascada.

La Biblia habla de agua, el místico sabe que no significa agua, significa verdad. Por lo tanto, cuando veo a alguien en el ojo de mi mente y lo veo libre, entonces le estoy dando la única verdad que lo liberará. Asimismo, si riego su planta, imagino que el agua realmente va allá y veo que las hojas comienzan a aparecer y que el hombre se vuelve libre: él se vuelve saludable, se vuelve seguro, se vuelve amado, entonces esos árboles crecen maravillosamente en mi jardín y así, mientras hago eso, no sólo su planta se beneficiará de mi riego, sino que también yo me beneficiaré, comenzaré a despertar.

Así que les pido a todos aquí que realmente lo intenten. Ahora, sé que hoy el título era "La moneda del Cielo", pero siendo este el último día, pensé que simplemente daría una especie de resumen rápido de lo que he tratado de decir, porque el propósito detrás de estas conferencias, fue estimularte a interferir con tu trayectoria temporal para que puedas hacer algo al respecto, ya que el simple paso del tiempo no puede cambiar nada. Si esperas, pensando que va a haber algún cambio más allá de la tumba, te digo que esperarás en vano. No hay poder transformador más allá de la tumba, todo el poder transformador está en el hombre ahora para interferir con su trayectoria temporal y tú interfieres con ello, simplemente cambiando un momento en el transcurso de un día, no aceptándolo como final, sin importar cuán indiscutibles sean los hechos del día. Tú sabes que tuviste esa experiencia, no permitas que el día descienda sobre ella y dile: "Bueno, la tuve". Vuelve a ese momento en el tiempo, reescríbelo, vuelve a representarlo en la versión revisada y repítelo una y otra vez en tu imaginación, hasta que adquiera los tonos de realidad. Al tomar los tonos de realidad, tú has cambiado tu futuro. Toma otro incidente y cámbialo y sigue cambiando todos los pequeños episodios, todas las pequeñas experiencias y haz que se ajusten a una experiencia más idealista y revívela.

Si alguien está aquí por primera vez, puede pensar: Bueno, eso es engañarse a sí mismo. Aun así, inténtalo, pruébalo y mira si el hombre interior no se despertará y cuando él se despierte verás un mundo que es automático. Verás un mundo que es una máquina y todo el vasto mundo actuando sus partes que han actuado por siempre, y continuarán actuando en la curvatura del tiempo para siempre, hasta que él salga de ello y se levante de entre los muertos. Como se te dice, "Despiértate, tú que duermes y levántate de entre los muertos".

El estado llamado ahora dormido, se compara con la muerte, donde el hijo ha muerto. Por lo que se nos dice que el segundo hijo – el hijo pródigo- cuando regresó de ese ciclo y fue recibido, el padre dijo: "Él estaba muerto y ha revivido; se había perdido y ha sido hallado". De modo que ese estado de perdido, se compara con la muerte y el único propósito ahora es levantarse; no amasar una fortuna, aunque tienes derecho a ella, no ser famoso, aunque tienes derecho a ello, sino simplemente despertarse del estado de sueño. Y no conozco otra manera de despertar a un hombre, que mostrarle lo mecánico que él es y si toma y practica seriamente el arte de la revisión, el ojo se abrirá y tendrá las experiencias de las que habló el orador.

Tú también, acostado en tu cama, encontrarás que el ojo se asoma a una ciudad que puede estar a más de mil kilómetros de distancia y allí verás más claramente de lo que yo te veo a ti ahora. Observarás y verás la senda de un hombre y luego te mostrarás desinteresado, pero de repente, te interesarás una vez más. Tú no tienes una imagen de memoria del hombre, ves todo de nuevo. Ves al hombre caminar por la misma acera, él hace todo lo que hizo un momento antes. Luego, llévalo de nuevo, esa senda está puesta para siempre y la recorrerá para siempre hasta que despierte.

Por lo tanto, les pido a todos aquí que me tomen en serio. Si esto te parece demasiado místico para ti, no me disculpo; es lo único que yo puedo darte ya que, cuando comienzo a despertar, tengo que darte la comida de la que entonces mi padre me alimenta. Él me alimenta de nuevas ideas; él cambia mis valores, él cambia todos mis significados en el mundo. Yo no tengo el mismo significado que tuve el año pasado; no tengo los mismos valores que tuve el año pasado; porque los motivos que tuve el año pasado podrían haber estado en una línea diferente; pero luego, de repente, las cosas cambian y no puedes poner el valor donde antes lo pusiste. No puedes ponerlo en la riqueza, no puedes ponerlo en los nombres, no puedes ponerlo en el reconocimiento. Todos tus valores cambian y luego comienzas a ver internamente un nuevo mundo maravilloso.

Así que te digo que este jardín del que hablo es un verdadero jardín, a esto tú lo llamas el mundo. No creas ni por un momento que estás en exilio; este maravilloso mundo objetivo visible, no es un lugar de exilio, es la vestimenta viviente de mi Padre. Realmente es su vestimenta viviente, pero necesita intérpretes.

Los hombres individuales, a medida que comienzan a despertar, vienen e interpretarán para ti esta extraña armonía discordante, porque te digo que, para ti, todo en tu mundo está relacionado por afinidad con tu propia actividad mental. Tú no puedes verlo y, por lo tanto, no puedes ver esta discordia como relacionada contigo, tú no pensaste de esa manera conscientemente, tú no estabas consciente de ello. Si fueras consciente de la actividad dentro de ti, verías todo relacionado contigo mismo, con tu propio ser. Lo que no ves ahora, aun así, sabrás que está relacionado, por lo tanto, los intérpretes vienen porque el intérprete – cuando él comienza a despertar- él sabe que este mundo maravilloso tiene una voz para él que habla de las cosas detrás del velo, detrás del velo de su propia mente.

Ahora mismo, detrás de tu cara hay una actividad, una actividad de tu propia imaginación y esa actividad, si pudieras verla, la verías proyectada como las condiciones y circunstancias de tu vida. Ninguna cosa está fuera de orden, cambia la actividad y tú cambias el mundo en el que vives y tú cambias esa actividad cambiando tu conversación interna, porque el habla refleja tu mente y tu mente refleja a Dios. Si no cambias el habla, no has cambiado la actividad y si no cambias la actividad, no puedes cambiar las condiciones de la vida, ya que sólo son testigos de esta acción interna de tu mente.

Entonces, quieres cambiar, espero que lo hagas; porque si ahora reflexionas sobre tu vida – sean diez años o sesenta años – y no puedes decir dentro de ti mismo: 'Me gustaría vivir esto de nuevo, si tuviera la libertad de elegir", entonces es mejor que comiences cambiándola ahora mismo, porque te hago una profecía, te hago una promesa, tu próxima vida es esta vida. Entonces, si no puedes ahora en reflexión decir: "Deseo vivirla de nuevo", pues comienza hoy a establecer nuevas sendas, porque si no lo haces, la vas a vivir de nuevo, y ni siquiera sabrás que la estás viviendo de nuevo. Es totalmente automático, caminas sin esfuerzo por las sendas, porque te pones en presencia de energía y no puedes parar de caminar; tú has colocado las sendas y las caminarás y la curvatura del tiempo te traerá de vuelta una y otra vez por siempre y para siempre, hasta que lo rompas y comiences a despertar y cuando despiertes ingresas en el círculo de la humanidad despierta. Y te diré que los conoces más íntimamente que a nadie que conozcas ahora en el estado de sueño. No hay una persona en la tierra que conozcas tan íntimamente como aquellos que han despertado cuando tú despiertas. Cuando entras en su presencia y te mezclas con ellos, te vuelves uno. Tú no pierdes tu identidad, de hecho, tiendes por siempre a una individualización cada vez mayor. Nunca te absorbes y pierdes tu identidad, pero cuando te despiertas, despiertas al ser que siempre fuiste, pero lo habías olvidado y te quedaste profundamente dormido. Hay una belleza en el hombre interior que el hombre exterior nunca ha tocado, nunca ha marcado. Así, cuando despiertes, ellos estarán allí para recibirte porque esperan con impaciencia la ruptura del círculo de la recurrencia. Entonces, inténtalo.

Les hemos dicho muchas cosas este año, muchas cosas que parecían demasiado místicas, pero yo lo señalé cuando lo tomé hace cuatro domingos, que este año les daría el final de una cuerda dorada y te pedí que la enrollaras en una bola y que, si lo hacías, te llevaría a la puerta del cielo construida en la muralla de Jerusalén. Bueno, siento que te he dado esa cuerda, pero no puedo enrollarla en una bola por ti. Te prometo que voy a regar tu jardín, pero eso no te despertará, te despertará sólo a cosas más hermosas de alguna manera, pero realmente no romperá el círculo para ti, así que este día, nuevamente te ofrezco el fin de la cuerda dorada, pero te pido que la enrolles y la enrolles en una bola, mediante la aplicación diaria del principio de revisión, observando diariamente tus acciones internas y ver si corresponden a las acciones que deseas realizar en el mundo exterior.

Observa cuidadosamente tus conversaciones; ¿son de premisas de ideas cumplidas? Si no lo son, regresa y realmente hazlas corresponder con el ideal que deseas encarnar en este mundo. Comienza, eso es enrollarlo en una bola y te llevará a la puerta del cielo construida en la muralla de Jerusalén. No tengo ninguna duda en mi mente, lo sé por experiencia, que así yo abrí esa muralla; la abrí por aplicación. Por eso, he advertido cada vez que tomé la plataforma, que el conocimiento que tienes ahora no sirve de nada a menos que se aplique. Un poco de conocimiento, si lo llevas a cabo en la acción, será mucho más beneficioso que mucho conocimiento que olvidas llevar a cabo en la acción. Si tuvieras todo el conocimiento del mundo y no lo pusieras en práctica, no despertarías.

Ahora aquí esta mañana todos lo han escuchado; tómalo hoy y comienza este día revisando y observa como el círculo comienza a romperse, mira cómo el ojo comienza a abrirse y te digo que no hay un regalo en la tierra, no hay una posesión en el mundo, que desearías más que la apertura del ojo cuando éste se abre. Por eso digo que tus valores cambian, el significado de la vida cambia, porque no venderías el ojo que se abre ni por toda la riqueza del mundo; no lo cambiarías por ningún reconocimiento en el mundo, que ahora se confiere a los llamados grandes. Ves a los así llamados grandes, todos igualmente dormidos actuando sus partes, caminando líneas curvas, y luego un chasquido y te mueves hacia un mundo maravilloso de la humanidad despierta y allí ves a estos seres glorificados, pero realmente seres glorificados, que te precedieron en el círculo consciente de la humanidad.

GUÍA PRÁCTICA

-

EJERCICIOS PRÁCTICOS

1. Revisión de Conversaciones Internas: Al final de cada día, revisa tus pensamientos y conversaciones internas. ¿Estuvieron alineados con el tipo de vida que deseas crear? Si identificas pensamientos negativos, reemplázalos por versiones positivas que reflejen tu objetivo ideal.

2. Riego Imaginario de Personas Queridas: Visualiza a tus amigos o familiares y percibe aspectos de su vida que podrían necesitar crecimiento o sanación, como salud, amor o prosperidad. En tu imaginación, riega sus "árboles" y observa cómo florecen, visualizando su bienestar como una realidad ya manifestada.

3. Construcción de Nuevas Sendas Internas: Cada mañana, dedica unos minutos a visualizarte como la persona que deseas ser. Imagínate teniendo conversaciones donde los demás te ven con respeto y estima. Haz esto todos los días para establecer nuevos caminos de pensamiento.

-

REFLEXIONES GUIADAS

1. Repetición de Comportamientos y Ciclos: ¿Hay algún patrón en tu vida que sientas que se repite? Reflexiona sobre cómo tus pensamientos y emociones podrían estar contribuyendo a esta recurrencia y cómo podrías empezar a cambiarla.

2. El Poder de la Palabra Interna: ¿Qué tanto poder le atribuyes a tus pensamientos y palabras internas? Reflexiona sobre si consideras que tus pensamientos pueden influir en la realidad y cómo podrías usarlos para crear una vida más plena.

3. Autoobservación y Despertar: ¿Estás viviendo en un estado automático o despierto? Reflexiona sobre cómo podrías estar caminando en un "sueño" y qué pasos puedes tomar para conectar más conscientemente con el presente.

-

CONCEPTOS DE PSICOLOGÍA POSITIVA

1. Autodeterminación: En la psicología positiva, la autodeterminación es la capacidad de tener control sobre la propia vida. Al revisar las "sendas" y asumir el control de tus pensamientos y acciones internas, cultivas un sentido de autodeterminación y agencia.

2. Fluidez en el Presente (Flow): La fluidez o estado de flow permite que las personas vivan plenamente en el momento presente. Practicar la revisión y la imaginación consciente ayuda a orientar los pensamientos de forma intencionada, promoviendo una experiencia de flow en la vida cotidiana.

3. Resignificación de Experiencias: La práctica de Neville de revisar el día y "reescribir" experiencias fomenta una mentalidad de resignificación positiva, una técnica psicológica que permite cambiar el significado de los eventos y responder de manera más resiliente.

-

CITAS DE TEXTOS ESPIRITUALES

1. Salmos 37:4: "Deléitate en el Señor, y Él te concederá los deseos de tu corazón." Esto refleja la enseñanza de Neville de que los pensamientos y la fe en el bien pueden atraer las bendiciones deseadas.

2. Efesios 4:22-23: "Despojaos del viejo hombre, que está corrompido, y renovad la actitud de vuestra mente." Esta cita subraya la importancia de Neville en cuanto a revisar y renovar los pensamientos internos para un cambio auténtico.

3. Proverbios 4:23: "Sobre toda cosa guardada, guarda tu corazón; porque de él mana la vida." Esta cita resuena con la idea de Neville sobre la importancia de cultivar pensamientos y emociones positivos, ya que son el origen de nuestra realidad.

-

PERSPECTIVAS DE AUTORES RELACIONADOS

1. Eckhart Tolle: En su libro "El poder del ahora," Tolle destaca la importancia de vivir despierto en el momento presente y ser consciente de los pensamientos. Esto se alinea con el mensaje de Neville sobre romper el ciclo de vida automática y asumir el control consciente.

2. Louise Hay: Hay también promovió el poder de los pensamientos positivos y afirmaciones para crear una realidad deseada. Sus prácticas complementan las enseñanzas de Neville sobre la revisión y la influencia de las conversaciones internas.

3. Viktor Frankl: Frankl, en "El hombre en busca de sentido," habla sobre la capacidad de resignificar experiencias y encontrar significado en todas las circunstancias. Su perspectiva apoya la idea de Neville sobre el poder de transformar nuestras percepciones y actitudes.

Estas propuestas amplían la comprensión de la conferencia "La Moneda del Cielo," facilitando la integración práctica de sus principios en la vida diaria y el crecimiento personal del lector.

TEMAS CLAVE

DOMINIO INTERNO Y CONTROL DE LA REALIDAD

En "El Poder De Construir Tu Enterno," Neville Goddard expone una interpretación profunda de la "tierra" que cada persona debe dominar. Según Goddard, esta tierra no se encuentra en el mundo físico exterior, sino en el mundo interno de cada individuo, constituido por pensamientos, emociones y estados de conciencia. A través de esta visión, Goddard redirige el enfoque de los lectores hacia la autoobservación y el control de la mente, aludiendo a que cada pensamiento y emoción son aspectos de esa tierra psicológica.

Goddard emplea metáforas para describir el interior humano, comparándolo con un vasto territorio habitado por "animales" que simbolizan nuestras emociones, "aves" que representan ideas, y "peces" que personifican los estados más profundos e invisibles de la conciencia. Propone que al asumir el dominio sobre esta tierra interior, uno puede transformarla y, por lo tanto, influir en el mundo externo, que actúa como un espejo o una proyección de nuestro estado interno.

Para Goddard, la Biblia no es un relato histórico, sino un conjunto de verdades psicológicas donde la promesa de "dominar la tierra" se interpreta como el dominio de la mente humana. Al comprender que toda experiencia externa se origina en el interior, una persona puede ver el mundo exterior como una "vestimenta" creada por la disposición de su mente. Esta perspectiva otorga un sentido de poder supremo dentro de cada ser, ya que, al cultivar conscientemente el "jardín" de la mente, se plantan las semillas de la realidad deseada.

Este enfoque no solo empodera a las personas para que asuman responsabilidad sobre su mundo interno, sino que también les da las herramientas para transformar su vida al redirigir sus pensamientos y emociones hacia un estado de paz, prosperidad y bienestar.

\-

EL PODER DE LA IMAGINACIÓN COMO LA "PIEDRA ANGULAR"

En "El Poder De Construir Tu Enterno," Neville Goddard destaca la imaginación como la piedra angular de la creación y la experiencia de vida, la cual denomina "la piedra que los constructores rechazaron. Según Goddard, la imaginación es el cimiento sólido y eterno sobre el cual se pueden edificar las aspiraciones, deseos y realidades deseadas. Describe cómo esta piedra angular, que simboliza la creatividad divina en cada ser humano, ha sido ignorada o minimizada, a pesar de su papel fundamental en la transformación de la vida.

Para Goddard, la importancia de la imaginación reside en su capacidad para transformar de manera concreta el mundo externo al permitir que cada individuo imagine activamente las circunstancias y realidades que desean vivir. Al actuar con fe en su poder creativo, las personas pueden mantenerse firmes y pacientes, sabiendo que lo imaginado se materializará si creen y permanecen fieles a esa visión, sin caer en la impaciencia. Esta perspectiva resalta la responsabilidad que cada persona tiene sobre su vida y el mundo que construye en su mente, transformando así la imaginación en la verdadera piedra angular sobre la cual edificar su existencia.

Además, Goddard interpreta la Biblia en este contexto, señalando que las enseñanzas bíblicas sobre la piedra angular y el cimiento firme están destinadas a ser leídas como una instrucción sobre el poder de la imaginación. Para él, Cristo, Dios y la imaginación son aspectos de un mismo principio creativo que reside en el ser humano, una fuerza de cambio y manifestación que sustenta y moldea el universo. La esencia de esta enseñanza invita a los lectores a confiar en el poder de su imaginación y a usarla conscientemente para construir una vida que refleje sus aspiraciones más profundas.

-

LA TÉCNICA DE LA REVISIÓN PARA CREAR UN FUTURO DESEADO

Neville Goddard describe en "El Poder De Construir Tu Enterno" la técnica de la "revisión" como una herramienta poderosa para transformar la realidad al reinterpretar y recrear experiencias del pasado. Según Goddard, esta práctica implica repasar mentalmente los eventos del día, detenerse en aquellos que no resultaron de manera ideal y reescribirlos en la imaginación hasta que se ajusten a un desenlace positivo o deseado. Goddard explica que al revisitar y rediseñar estos incidentes, el individuo "poda" el jardín mental de su día, eliminando las experiencias negativas como si fueran malas hierbas y reemplazándolas por un estado mental favorable y armonioso

La práctica de la revisión tiene, según Goddard, un efecto transformador en el presente y en el futuro. Al entrenar la mente para reimaginar cada día de manera ideal, la persona introduce una nueva percepción que se proyectará en los días futuros, generando un cambio que se refleja en su realidad externa. Esta técnica sugiere que, aunque los hechos del pasado son inalterables en el sentido literal, la interpretación y el significado que les otorgamos en nuestra mente tienen el poder de cambiar, afectando así nuestras experiencias y expectativas futuras.

Además, Goddard eleva el propósito de la revisión al nivel de despertar espiritual, argumentando que esta práctica activa el "espíritu de Jesús" o "Cristo en nosotros". Al reimaginar un día y reemplazar los momentos de conflicto con paz y perdón, el individuo no solo experimenta cambios en su vida externa, sino que también despierta una conciencia superior. Según Goddard, esta conciencia revela que toda creación está enraizada en el interior de cada persona, y que a través de la imaginación y la práctica de la revisión se puede acceder a una vida de propósito y transformación

PLAN DE ACCIÓN PARA LA APLICACIÓN DIARIA

1. Define tu objetivo:
- Escoge un objetivo o estado deseado en tu vida y descríbelo en términos claros. ¿Es seguridad, éxito, amor o salud? Piensa en él con detalle.

2. Asume el sentimiento de haberlo alcanzado:
- Hazte la pregunta esencial: "¿Cómo me sentiría si ya estuviera viviendo este estado?" Permite que este sentimiento te inunde, y permanece en él, dejándolo guiar tus pensamientos y acciones.

3. Práctica diaria de la revisión:
- Al finalizar cada día, revisa los eventos. Si algo no fue como deseabas, reescríbelo mentalmente de forma ideal. Revive esta nueva versión de los hechos en tu imaginación hasta que adquiera una sensación de realidad.

4. Mantén conversaciones internas positivas:
- A lo largo del día, observa tus pensamientos y cambia las conversaciones internas que te mantengan en estados negativos. Imagina a personas claves viéndote y valorándote desde el éxito que deseas proyectar.

5. Aplica la imaginación creativa:
- Usa tu imaginación para representar escenas en las que ya has alcanzado tus metas. Visualízalas como si estuvieran sucediendo ahora, y repítelas hasta que se sientan naturales.

GLOSARIO DE CONCEPTOS CLAVE

1. Asunción:
- Acto de asumir un estado o deseo como ya cumplido. Goddard enseña que vivir "desde" la asunción, sintiendo que nuestro objetivo ya se ha alcanzado, transforma la realidad.

2. Revisión:
- Técnica para revisar los eventos diarios y "recrearlos" en la mente de forma positiva. Esta práctica ayuda a moldear experiencias futuras y a borrar patrones negativos.

3. Inversión vs. Gastar:
- En lugar de "gastar" pensamientos y tiempo en preocupaciones o estados negativos, Goddard sugiere "invertir" cada momento en pensamientos constructivos que contribuyan a los objetivos deseados.

4. La Mente y el Habla:
- Dos herramientas poderosas dadas al hombre, según Goddard, para manifestar deseos. La mente crea visualizaciones, y el habla refuerza las afirmaciones de esos estados imaginados.

5. Tijeras de Podar de la Revisión:
- Herramienta metafórica para "podar" las experiencias y actitudes negativas en la mente, permitiendo cultivar estados positivos y deseados en el "jardín" de la conciencia.

6. Pensamiento desde el Final:
- Práctica de sentir y pensar "desde" el final deseado, es decir, vivir con la certeza de que el objetivo ya se ha cumplido, lo que facilita su manifestación en la vida.

LECTURAS RECOMENDADAS

1. "El Poder de la Imaginación" de Neville Goddard
- Otro clásico de Goddard, donde explora la capacidad de la imaginación como la herramienta principal para crear realidades deseadas.

2. "Usted Es El Placebo" de Dr. Joe Dispenza
- Este libro analiza cómo la mente puede influir en el cuerpo para crear resultados de sanación y transformación, alineándose con el poder de la creencia y la autosugestión.

3. "Piensa y Hazte Rico" de Napoleon Hill
- Aunque orientado hacia la riqueza, este libro subraya la importancia del pensamiento y la fe en alcanzar objetivos, resonando con la idea de la visualización y el enfoque mental.

4. "El Kybalion" de Tres Iniciados
- Un estudio de la filosofía hermética que presenta principios universales sobre el mentalismo y la correspondencia, conceptos que complementan la comprensión del poder de la mente en la creación de experiencias.

5. Artículos y Estudios sobre Psicología Cognitiva y Neurolingüística
- Pueden proporcionar una base científica para entender cómo la percepción y la imaginación afectan nuestra realidad y comportamientos, fortaleciendo la aplicación de estos principios en la vida diaria.

CRONOLOGÍA DE LA VIDA DE NEVILLE GODDARD

1905:
- Neville Lancelot Goddard nació el 19 de febrero en St. Michael, Barbados, en el seno de una familia británica. Es el cuarto hijo de una familia de nueve varones y una niña.

1922:
- A los 17 años, Neville se muda a la ciudad de Nueva York para estudiar teatro. Trabaja como actor y bailarín en el escenario y en películas mudas, actuando en Broadway, en películas mudas y haciendo giras por Europa con una compañía de danza.

1923:
- Neville se casa brevemente con Mildred Mary Hughes. Tienen un hijo, Joseph Goddard, nacido en 1924.

1929:
- Neville marca este año como el inicio de su viaje místico. Recuerda una experiencia espiritual: "Fui llevado en espíritu al Consejo Divino donde los dioses conversan".

1931:
- Después de años de estudiar lo oculto, Neville conoce a su maestro Abdullah, un hombre negro con turbante y de ascendencia judía. Trabajan juntos durante cinco años en la ciudad de Nueva York.

1938:
- Neville comienza su propia carrera como docente y conferenciante, compartiendo sus conocimientos místicos.

1939:

- Neville publica su primer libro, A Tus Órdenes.

1940-1941:

- Neville conoce a su segunda esposa, Catherine Willa Van Schumus .

1941:

- Neville publica su segundo libro, Tu Fe es tu Fortuna.

1942:

- Neville se casa con Catherine y tienen una hija, Victoria, más tarde ese mismo año. También publica Libertad Para Todos: una aplicación práctica de la Biblia.

1942-1943:

- De noviembre a marzo, Neville sirve en el ejército y luego regresa a Greenwich Village, Nueva York. En 1943, aparece un perfil suyo en The New Yorker.

1944:

- Neville publica Sentir es el Secreto.

1945:

- Neville publica Plegaria: El Arte De Creer.

1946:

- Neville conoce al filósofo Israel Regardie , quien lo perfila en El romance de la metafísica. También publica un panfleto, La Búsqueda.

1948:

- Neville imparte sus famosas conferencias "Cinco Lecciones" en Los Ángeles, que luego se publican póstumamente como libro.

1949:

- Neville publica Fuera de este Mundo: Pensar en cuarta dimensión.

1952:

- Neville publica El Poder de la Conciencia.

1954:

- Neville publica Imaginación Despierta.

1955:

- Neville comienza a presentar programas de radio y televisión en Los Ángeles.

1956:

- Neville publica Semilla y cosecha: Una visión mística de las Escrituras.

1959:

- Neville experimenta un profundo evento místico, describiéndolo como un renacimiento de su propio cráneo, seguido de otras experiencias místicas.

1960:

- Neville lanza un álbum de palabra hablada.

1961:

- Neville publica La Ley y La Promesa. El capítulo final, "La Promesa", detalla la experiencia mística de 1959 y las experiencias posteriores.

1964:

- Neville publica el panfleto Rompe la Cáscara: Una Lección En Las Escrituras.

1966:

- Neville publica su último libro completo, Resurrección, que describe su visión mística y el potencial de la humanidad para realizar su naturaleza divina.

1972:

- Neville muere el 1 de octubre a los 67 años en West Hollywood, al parecer de un ataque cardíaco. Está enterrado en la parcela familiar en St. Michael, Barbados.

ACERCA DE LOS AUTORES

Neville Goddard
Fue un pensador místico profundo e influyente del siglo XX. Sus enseñanzas se centraban en el concepto radical y empoderador de que la imaginación humana es la verdadera manifestación de Dios. Creía que todo en la vida de una persona, ya sea positivo o negativo, es resultado de sus pensamientos, sentimientos y estados imaginativos.

La infancia de Neville estuvo marcada por su crianza en Barbados, donde nació en 1905 en una familia anglicana. A los 17 años, se mudó a la ciudad de Nueva York en 1922 para dedicarse al teatro. Aunque alcanzó el éxito como actor y bailarín, actuando en Broadway y en películas mudas, su vida dio un giro radical a principios de la década de 1930. Dejó atrás su carrera de actor para sumergirse en el estudio de la metafísica.

Bajo la influencia de su mentor, Abdullah, una misteriosa figura de ascendencia africana y judía, Neville comenzó a explorar principios espirituales profundos que combinaban el cristianismo con el misticismo. Se embarcó en una carrera como escritor y conferenciante, utilizando su carisma e intelecto para dar charlas impactantes en iglesias metafísicas, centros espirituales y lugares públicos. Sus enseñanzas se centraban especialmente en el poder del pensamiento y la imaginación como la fuerza creativa suprema.

A pesar de no alcanzar una fama generalizada durante su vida, la influencia de Neville ha crecido significativamente desde su muerte en 1972. Sus obras, en particular sus libros como Sentir Es El Secreto, El Poder De La Conciencia y La Ley y La Promesa, ahora se consideran precursores de las ideas modernas sobre la mecánica cuántica y el poder de la conciencia para dar forma a la realidad.

Las ideas de Neville también han inspirado a pensadores y autores espirituales contemporáneos, entre ellos Carlos Castaneda y Joseph Murphy, quienes desarrollaron temas similares en sus propias obras. Hoy en día, sus enseñanzas son ampliamente consideradas como atemporales y siguen atrayendo a un público cada vez mayor que busca aprovechar el potencial creativo de la mente.

Imaginatio Divina Editorial

Creemos que el poder de la creación reside en cada uno de nosotros. Inspirados por las profundas enseñanzas de Neville Goddard, promovemos la transformación de la vida a través del poder de la imaginación y la conciencia. Nuestra editorial se dedica a publicar obras que revelan la capacidad innata de los individuos para dar forma a su realidad a través del pensamiento consciente y la fe interior. Cada libro, cada palabra, tiene como objetivo guiar a los lectores hacia el descubrimiento de su naturaleza divina y su poder creativo, en línea con la filosofía de que "la imaginación es Dios en acción".